勤快俄语

高考专项专练
听力理解

主编：谢寅华

编者：谢寅华 张发芹
李桂清 姜玉莲

外语教学与研究出版社
北京

图书在版编目(CIP)数据

高考专项专练. 听力理解／谢寅华主编 .— 北京：外语教学与研究出版社，2008.3
(勤快俄语)
ISBN 978－7－5600－7394－1

Ⅰ. 高…　Ⅱ. 谢…　Ⅲ. 俄语课—听说教学—高中—升学参考资料　Ⅳ. G634.453

中国版本图书馆 CIP 数据核字 (2008) 第 035898 号

出 版 人：于春迟
责任编辑：周朝虹
封面设计：张　峰
出版发行：外语教学与研究出版社
社　　址：北京市西三环北路 19 号 (100089)
网　　址：http://www.fltrp.com
印　　刷：北京新华印刷厂
开　　本：787×1092　1/16
印　　张：12.5
版　　次：2008 年 3 月第 1 版　2008 年 3 月第 1 次印刷
书　　号：ISBN 978－7－5600－7394－1
定　　价：19.90 元 (本书另配录音带 8 盒,单独定价)
＊　　＊　　＊

出版说明

　　高考在即，如何在有限的时间复习俄语，有效地提高学习成绩，是考生和家长都十分关心的问题。为此，不少家长会为自己的孩子购买大量的复习资料。但是经过我社的认真调研，我们发现，目前面向俄语高考的复习资料非常缺乏，有权威性和导向性的考题更是奇缺。为此，我们邀请了具有丰富教学实践经验的中学资深教师编写了一套"勤快俄语·高考专项专练系列"图书。

　　"勤快俄语·高考专项专练系列"以教育部颁布的《俄语课程标准》为编写依据，旨在通过精选的材料和精炼的讲解为考生提供有效的复习指导。

一、读者对象

　　本系列是专门针对参加高考的俄语考生编写的，同时也适用于高一、高二年级的学生进行专项复习和训练。

二、编写队伍

　　本系列由外语教学与研究出版社策划，组织山东省和黑龙江省的资深优秀教师编写。

三、编写特点

　　1. 实用性强：本系列针对俄语高考的所有题型，力求提炼出高考题型的特点。

　　2. 内容丰富：本系列基本涵盖中学阶段的俄语知识点，注重对学生听力、阅读、写作、语法等技能的培养和强化训练。

　　3. 指导性强：本系列中包含了资深教师总结的高考应试注意事项以及精彩的实例分析，非常有利于教师和学生进行复习和考试。

四、整体结构

　　本系列共有四本书，即《听力理解》、《写作训练》、《阅读理解》和《语法与词汇》。

　　《听力理解》由北京外国语大学俄语中心主任、博士生导师李英男教授审定。

　　另外，欢迎广大读者以及教育界同仁与我们联系（E-mail：zhouzh@fltrp.com; chenhq@fltrp.com），共同研讨中学俄语的相关问题。

综合语种出版分社俄语工作室

外语教学与研究出版社

2008-3-20

编 委 会

出版人：于春迟
策　划：崔　岚　　周朝虹
主　编：谢寅华
副主编：姜玉莲
编　者：姜玉莲　　李桂清　　张发芹　　谢寅华

目 录

第一章　高考俄语听力测试复习指导

我们知道，听是语言学习中最原始、最基本，也是最重要的方式。语言的学习，首先是从听开始的。没有听觉的介入，就无从谈起语言的学习；没有听觉的介入，也就无从谈起语言能力的进步和提高。听的能力提高了，语言的学习才更有成效，语言的交际功能才能全面实现。听是一项重要的语言技能，是衡量语言综合运用能力的重要指标，听力测试不是单纯对听的测试，它从一定程度上也测试说和读的能力。听力测试是检查考生根据提供的言语情景，以听取信息的方式来解决交际任务的能力。听力测试是语言测试中非常重要的内容之一，不含听力测试的语言考试，是不完整的语言考试。

随着教育改革的不断落实与推进，素质教育成为社会各界的广泛共识。在外语测试中，对中学生"听、说、读、写"等能力进行全面考核，有利于促进基础教育的良性发展。2000 年，教育部考试中心首次命制了含听力的高考俄语试卷，并延续至今。尽管，影响和制约听力测试更加人性化、更趋科学的因素很多，听力测试还有很多方面需要完善，但客观地说，高考中俄语学科增加听力测试的内容，是正确的、理性的，它完善了高考俄语学科的测试内容，促进了中学俄语教学的改革，规范了中学的俄语教学，提升了中学生俄语综合语言运用的能力，落实了素质教育的原则。经过这几年的实践检验，高考俄语听力测试受到了广大俄语教育工作者、教育专家和考试专家们的充分肯定，也得到了社会有识之士的广泛理解和支持。

过去，许多中学由于领导重视不够、投资不足、普遍缺乏听力材料或者教学时间紧促等原因，而没有开好或者根本没有开设俄语听力课，所以高考时不考听力。高考不考听力，又直接导致了中学俄语教学对听力的忽略。长期以来，听力一直是中学俄语教学中非常薄弱的环节，也是广大中学生各项语言技能中最弱的一项。学生学了几年俄语之后，不仅说不出俄语，也听不懂俄语，成了俄语学习的"聋哑人"。这是很难向学生、向学生家长和社会做出交代的事情，是很不正常的。高考中，俄语学科增考听力内容，是大势所趋，符合我国改革开放的现实要求。

在高考试卷中，听力题的分值为 30 分，占到全卷总分值 150 分的 20%，成为一个举足轻重的题型。并且，伴随着高中课程改革和高考改革的顺利实施，对学生的听力要求也越来越高，尤其是最近两三年，高考听力测试题的难度有明显增加的趋势，这是全面测试考生俄语真实水平的客观需要，更是推进素质教育的必然结果。针对这种情况，我们有必要对俄语听力测试的特点进行分析和研究，并采取相应的对策，以便最大限度地提高中学生听力训练的质量和听力理解的水平。

俄语听力测试的特点

高考听力考什么、怎样考？它有哪些特点呢？

一、高考听力的试卷结构

到目前，高考听力测试的内容包含两个方面，一是对话 (диалог)，二是短文 (микротекст)。其中对话 9 段、短文 1 篇，共计 20 个小题，30 分。整个测试题的结构分为 A、B 两节：

A 节（раздел A。共 5 小题，每小题 1.5 分，满分 7.5 分）。

听下面 5 段对话。每段对话后有一个小题，从题中所给的 A、B、C 三个选项中选出最佳答案，并标在试卷的相应位置。听完每段对话后，你都有 10 秒钟的时间来回答有关小题并阅读下一小题。每段对话读一遍。

B 节（раздел B。共 15 小题，每小题 1.5 分，满分 22.5 分）。

听下面 5 段对话或独白。每段对话或独白后有几个小题，从题中所给的 A、B、C 三个选项中选出最佳答案，并标在试卷的相应位置。听每段对话或独白前，你有时间来阅读各个小题，每小题 5 秒钟。每段对话或独白读两遍。听完后，各小题给出 5 秒钟的作答时间。

听力材料由专门的放音设备用录音磁带播放出来，整个录音内容只播一遍。问题和选项在试卷上印出来，不在录音中播放，每个问题有三个选项，只有一个选项是最合适的。

全部俄文听力材料的字数大约在 300 字左右，其中，最后的一篇短文约 100 字。

二、高考听力的测试内容

1. 对话部分通常测试以下信息：

① **人物身份**。谈话人的职业和身份常会在他们对话的内容上有所反映，某个人是干什么的，哪些人参加了材料中提到的某个活动，往往会成为命题人关注的对象。如：Кем работает твой отец? Кто ваш новый учитель? Кто живёт на севере? Кому Ли Мин хочет позвонить? Кто кого приглашает в кино?..

② **基本事实**。一般地说，每个对话都会有自己的话题，会谈及某件事情，牵出事情的前因后果（Почему），发生的时间（Когда）、地点（Где 或者 Куда。如：在路上、在学校、在商店、在邮局、在医院、在家中、去做客、在餐馆、在影剧院、在车上、打电话到哪儿等），行为的方式方法（Как），事物的性质、特征（Какой），数量的多少（Сколько）等。这些具体内容，是材料中的重要信息点，是理解对话的重点。在听力测试中，命题人往往在这些细节上设问出题。

③ **对话目的**。人们的日常对话，就是运用口头语言进行交际，带有明确的交际目的，表达一定的愿望，如问路、购物、天气、旅游、参观、会见、结识、访友、告别、祝愿、祝贺、抱怨、道歉、邀请、致谢、建议、评论、赞同、反对、谈论体育比赛、询问健康状况、发表或征求意见等。说话人的会话目的，也常常是俄语听力考查的一个重要方面。

④ **言外之意**。对话中的言外之意，绝大多数情况下是第二说话人通过简略回答、间接回答，甚至反问的语气等来进行表达的。这在听力试题中也时有体现。如：

Диалог 1:　— Вам нравится эта выставка?

　　　　　　— Ещё бы.

Диалог 2:　— Вам нравится эта выставка?

　　　　　　— Разве вам не нравится?

从上面的两个对话来看，第二个说话人并没有直接回答自己是否喜欢这个展览的问题，但他的言外之意都明确告诉我们说话人是很喜欢这个展览的。特别是第二个对话，用问题回答问题，语句更鲜明，表现更有力，言外之意更为突出。

2. 短文是听力测试的重要部分，也是高考听力测试的最后一部分内容，是篇幅最长的俄语听力测试材料，词汇量一般在 100 个单词左右。试题的设问大多集中在以下几个方面：

　　① 人物的身份和相互之间的关系。

　　② 事件的起因、结果。

　　③ 行为的目的、方向、时间、地点和方式。

　　④ 数量的多少。

　　⑤ 作者的意图（文章的寓意）等。

三、高考听力的提问方式

　　高考俄语学科命题的主要原则就是：既有利于高等学校选拔人才，又有利于中学俄语教学。这就要求对考生进行有效的测量和甄别，使之在一定的范围内拉开距离，以区分出考生能力的高低，这要由试题的"信度"和"效度"来做保障，因此，设计什么样的问题，设置什么样的选项，直接关系着试题的质量和可靠性。好的命题思路和恰当的提问方式，可以更好地考查考生的语言素养以及分析问题、解决问题和灵活处理问题的能力。

1. 直接设问。命制试卷时，命题人直来直去，单刀直入，直接对材料中的某个词或者某句话进行提问，未设置任何障碍，问题浅显直白，涉及到的信息量非常少，答案就在材料的"表层"，这种问题的答案被叫做"直接答案"。如：

　　Вопрос：Что болит у Игоря?

　　　　A. Голова　　　　　B. Рука　　　　　　　C. Нога

　　Диалог：— Игорь, что с тобой?

　　　　　　— У меня болит нога.

　　上面这个例题是针对材料中的一个词 нога 进行提问的，而下面的例题则是针对材料中一句话进行提问：

　　Вопрос：Что делает брат Алёши вечером?

　　　　A. Он собирает телевизор.

　　　　B. Он покупает телевизор.

　　　　C. Он смотрит телевизор.

　　Диалог：— Что делает твой брат вечером, Алёша?

　　　　　　— Он смотрит телевизор.

　　此类试题考查学生捕捉最基本信息的能力，听力测试 A 节部分的 5 道小题基本上都属于这类题目，由于相对简单，它位于试卷的前面，有利于稳定考生的情绪，消除紧张心理，使之正常发挥真实水平。

2. 间接设问。命制试卷时，命题人不是直来直去，直接设问，而是"迂回"设问，从与材料自身的陈述角度完全不同的侧面去思考问题、理解问题和设计问题。考生需要综合材料提供的大部分信息，把握材料的整体思路，理顺相关逻辑关系，才能得出正确答案，答案不在材料的字面上，而在材料的"深层"和背后，这种问题的答案被叫做"间接答案"。它考查考生听力理解的能力，运用大量俄语信息进行逻辑思维和分析、判断的能力，灵活把握材料和迅速处理问题的能力等。这种测试题的难度相对较大，需要认真听判，小心应对。在近两三年的高考中，这种类型的测试题所占的比重有所提高，我们必须予以足够的关注。

四、高考听力的句式特点

句子是人们表达思想、进行交际的最小语言单位。

人们在不同的场合对不同的对象使用的言语不尽相同。了解和熟悉表达不同功能的句型和结构以及一些常用的"套话",有助于我们迅速确定说话人所要表达的思想和愿望等。

1. 在对话材料中,语句一般比较简练、直接,以简单句为主,口语词汇比较多。从说话的目的和语气来看,有疑问句、陈述句和祈使句;从有无否定形式来看,有肯定句和否定句;从是否省略了句子成分来看,有完全句和不完全句等。当然,有时候也会出现一些比较常见的、相对简单的并列复合句和主从复合句等。

对于疑问句、陈述句和祈使句,我们要更加关注疑问句,对话的一方提出了问题,另一方则要针对该问题阐述自己的观点和看法,在这一问一答中,往往包含着新的话题和新的信息内容;对于肯定句和否定句,我们要更加关注否定句,特别是说话人先肯定、然后又否定的内容,更容易给我们造成思维错觉,在听力测试时很容易选错答案;对于完全句和不完全句,我们要更加关注不完全句,说话的一方在表达的过程中,省略了上文涉及到的某个句子成分,这也容易被我们所忽略,从而造成理解上的偏差或错误。

另外,对话是日常生活中人们以语言进行口头交际的最主要形式,对话的时候,对话双方会时不时地冒出一些口语、俗语、缩略语和不规范语等,虽然,在遴选听力材料时,高考命题人会尽力规避这些口头交际现象的出现,但是,作为一名应试者,要对此做一些必要的心理准备和知识方面的铺垫,以适应高考听力测试和将来使用俄语进行交际的要求。

2. 在独白材料中,语句结构相对复杂,句子的变化比较丰富,材料长、内容多、信息量大。文中不仅有简单句,还会出现一定数量的复合句,如:由连接词 и、а、或и、но、зато 等连接的并列复合句,带定语从句、说明从句的主从复合句,带时间从句、地点从句、原因从句、条件从句、目的从句和方式方法从句的主从复合句等。

这些句式,在上下文中,连接着故事发生、发展的各种逻辑关系,蕴含着大量的、至关重要的信息内容,也往往是命题人频频关注并想方设法进行设问出题的"题眼儿",也是学生最为头疼的地方。这就要求我们在平时的训练中,必须积极掌握这方面的知识内容,为听力训练做好必要的语法铺垫。尤其要关注一些重要字眼,如:转折连接词 но,它表示说话人态度、主意等的改变或者发生的事情出现了转折;原因连接词 потому что,它后面的内容将揭示某种现象或行为出现或发生的原因。

我们了解了高考听力测试的特点和经常设问出题的关键部位以及试题的常见表现形式,也就增加了我们平时训练时的针对性和考试时的必胜信念。

提高俄语听力水平的对策

打仗讲究用兵之法,经商讲究生财之道。做什么都有个讲究,都有符合其自身特点和规律的应对策略。提高听力水平、做好听力训练,也有自身的规律和方法。我们只有研究听力问题,才能解决听力问题,更好地发展听的能力。

在听力训练的初始阶段,我们捕捉到的往往是零零星星、断断续续的词或词组,"笨拙"地逐一将其"心译"出来,生硬地组合在一起,形成对整个句子支离破碎的"印象"(此时,还不能叫做"理解")。随着训练的增加和对俄语语音、语调等的逐步适应,我们听懂的单词越来越多，单词被串联起来，形成句子，产生"模糊性理解"。最后，可以不经分析、不用"心译"而直接将一个个的俄语单词连贯在一起，以语句为单位，进行大面积的或者全部的、较为清晰的理解，甚至，思维积极时，我们可以"预感"到说话人即将表达的下文，或者可以预知另一会话人可能回答的内容等。显然，这才是最后应该形成的、最为理想的听力水平和状态。从听不懂，到听懂一部分，再到最后完全听懂，这一变化和进步，关键在于练！归根到底，听力培养的过程，是一个大量训练的过程。但是，听力训练不是盲目的、机械的重复训练，它要有明显的指向性和侧重点，它是一个不断克服障碍、逐步适应的过程。

一、克服心理障碍。

做好心理上的准备，克服焦虑、畏难情绪，消除自认为"生来听力就不好"的念头，将心力用在耳朵上，全神贯注地听，这是进行听力训练和测试最为基本的要素。只有"聚精会神"，才能"心领神会"。脑力劳动者最忌讳的就是情绪不稳、做事急躁。

其实，开始练习听力时，每个人都会不同程度地产生兴奋，造成心理上的紧张，从而影响听的效果，甚至一个听力材料听了数遍都没有听出名堂来，更加重了急躁心理和畏难情绪。但是，只要及时调整心理状态，在消除了心理压力之后，接着练习，平心静气地听，并注意从最简单的材料入手，一般都会慢慢听懂的。一旦听懂，你就会发现，原来没有听懂的材料其实很简单，听不懂只是一个"技术问题"。所以说，人和人都一样，没有天生的语言天才，造成成功和失败的根本因素在于心理有无障碍。

有不少学生向我抱怨："老师，我天生不是学习外语的料，没有外语细胞……英语英语学不会，俄语俄语学不好，我该怎么办？"我就反问学生："你告诉我，在人的大脑里，哪些是语文细胞，哪些是数学细胞，哪些又是外语细胞？每个人都是由细胞构成的！心理因素是成功与否的关键！心理障碍是成功的大敌！能战胜自己的人才能战胜别人！"尤其是青年学生，悟性高、反应快，精力旺盛、思维敏捷，接受能力和模仿能力都很强，只要克服心理上的障碍，想进步是很快的。

在听力训练和听力考试时，把听对话当作听你的两个朋友在你身边用俄语交谈，他们你一言我一语，而你在一旁驻足倾听；把听小短文，当作有人给你讲俄语故事，他娓娓道来，你专心聆听，这样一来，心情自然平静、放松，听力训练和测试对你来说就是一件开心、愉快的事情，还愁考不出好成绩来？

二、克服语言障碍。

听的质量取决于听者自身是否掌握正确的发音技巧，是否拥有良好的发音习惯。不难想象，如果一个人的读音不规范、不正确，没有一个良好的语音语调，当他（她）听到别人的正确读音时，内心就很难快速认同，从而影响听力理解的速度和质量。比如：平时把动词"идти́"读作"и́дти"的人很难一下子听明白别人读的"идти́"是哪个单词；弄不清楚每个调型都表达什么感情色彩的人，也就无法理解别人所要表达的含义。影响听力理解的主要障碍是语言障碍，其中包括语音、词汇和综合理解的障碍。要克服这些障碍，我们应从以下几点入手：

1. 熟悉音变现象，提高辨音能力。

良好的辨音能力，是学习语言和提高听力的基础，也是完成听力理解测试的基本条件，为此，我们必须加强音素的发音练习，必须熟练掌握诸如弱读、连读、清化、浊化等"音变"现象。我们时常感到，在听俄罗斯人朗读时，有些地方不可能听得很清楚，这都是由不熟悉俄语音素的读音造成的。因此，我们要多模仿、多练习，规范自己的读音，养成良好的读音习惯，突破语音关，把读音规则强化、内化、固化为自己俄语语言素养的一部分。"读"不好的人，也必然"听"不好。

① 会读元音。元音的发音对中国学生来说并不是很难的事，难就难在元音的弱化上。俄语中，带重音的音节叫做非弱化音节，而不带重音的音节叫做弱化音节。弱化音节又分为一级弱化音节和二级弱化音节。所谓一级弱化音节就是指重音前的第一个音节或者是单词开头的不重读的音节；二级弱化音节是指重音前的第二个音节或者是重音后的所有音节。

以元音 o、a 为例，在非弱化音节里，o、a 都读清晰响亮的 [o]、[a] 音；在一级弱化音节里，o、a 通常读作短而弱的 [a] 音；在二级弱化音节里，o、a 通常读得更弱：

На - та́ - ша   мо - ло - ко́   ко́ -рот – ко。

元音 я、е 在一级弱化音节里读成短促的 [и] 音；在二级弱化音节里读更短更弱的 [и] 音：

ме-тро́   Пе-тро́в   я-зы́к   но́-мер   ко́-фе   и́-мя。

元音 е 在字母 ж、ш、ц 之后且带重音时，读作 [э] 音，一级弱化时读作短而弱的 [ы] 音，在二级弱化时，读 [a] 和 [ы] 之间的音：

же-на́   це-на́   пи́-шет   по-мо́-жет   то́-же。

除此之外，还有一些元音的读法问题，需要注意。比如，下列情况下，и 要读作 [ы] 音：

жи、ши、ци 中的 и 一律读作 [ы] 音。如：жить（生活），шить（缝纫），цирк（杂技团）。

词首的元音 и 与前面的硬辅音相连时要读作 [ы] 音。如：в институ́те（在学院），с Ива́ном（和伊万一起），к Ири́не（向着伊琳娜），под избо́й（在农舍附近）。Челове́к идёт（来了一个人）。Он игра́ет（他在玩）. брат и сестра́（哥哥与姐姐），Пётр Ива́нович（彼得·伊万诺维奇）。

再如：шю 读作 [шу]，如：брошю́ра（小册子），парашю́т（降落伞），парашюти́ст（跳伞员）。

② 会读辅音。这个问题我们需要着重交待浊辅音的清化和清辅音的浊化问题。

浊辅音的清化，是指浊辅音在单词的末尾或者处于清辅音之前时，要发成相对应的清辅音。如：заво́д [т]、четве́рг [к]、остано́вка [ф]。

清辅音的浊化，是指清辅音在浊辅音之前要发成与之相对应的浊辅音。如：футбо́л [д]，сде́лать [з]，экза́мен [г]。

在前后两个单词之间，若语速很快，前词末尾的清辅音也往往被后词的第一个浊辅音所浊化。如：ваш го́род [ж]，Как вас зову́т? [з]

但是，需要说明的是，浊辅音 л、м、н、р、в 前的清辅音不被浊化。如：смотре́ть，сло́во，Москва́，Как вас зову́т?

③ 会读音组。俄语中，某些固定的字母组合（音组）的读音特殊，需要分别记住。

тч，дч 读作 [ч] 的音，如：лётчик（飞行员），перево́дчик（翻译），о́тчество（父称），подчи́стить（清扫），молодчи́на（好汉）。

сч，зч，жч 读作 [ш] 的音，如：сча́стье（幸福），счита́ть（计算），счёт（帐目），перепи́счик（抄写员），ре́зчик（雕刻家），обра́зчик（样品），мужчи́на（男人）。

сш，зш，зж，жж 读作［ж］的音，如：с ша́пкой（带着帽子），че́рез шоссе́(经过公路），разже́чь（点火），с жено́й（和妻子一起），из жа́ра（由于炎热），е́зжу（乘行），поезжа́й（请启程），по́зже（晚一些）。

тск，дск 中的 тс，дс 读作［ц］，如：сове́тский（苏维埃的），де́тский（儿童的）。

стн，здн 中的 т，д 在某些单词中不发音，如：изве́стный（著名的），пра́здник（节日），по́здно（晚、迟）。

вств 中的第一个 в 不发音，如：чу́вство（感觉），чу́вствовать（感觉到），бесчу́вствие（无感觉），здра́вствуйте（您好），безмо́лвствовать（默不作声）。

г 在某些单词中读作［х］，如：мя́гкий（软的），лёгкий（轻的）。

г 在某些单词中读作［в］，如：сего́дня（今天），его́（他、它的），类似的还有形容词、序数词的单数第二格：но́вого（新的），пе́рвого（第一的）等。

дц，тц，тьс 读作［ц］的音，如：отца́（父亲的二格），оди́ннадцать（十一），пятьсо́т（五百）等。

ч 在某些词里读作［ш］音，如：что（什么），чтобы（以便），коне́чно（当然），ску́чно（无聊）等。

单词 помо́щник（助手）及其派生词里的 щ 读作［ш］。

се́рдце（心脏）中的 д 不发音。

со́лнце（太阳）中的 л 不发音。

④ 学会连读。一般的说，连读是指前词的最后一个字母与后词的第一个字母连起来拼读的读音现象，它是朗读的一种技巧。有时，连读还会带来音变现象。若不能很好地掌握连读的技巧，在听的过程中稍不留神，要听的内容就会"一晃而过"，并丢失很多信息，这时候往往抱怨对方语速太快，但是，千万句的抱怨不如自己多听录音，多做连读练习，自己会了，别人说的、读的也才能听清楚、听明白。

2. 注意语音语调，培养正确语感。

语调是在说话和阅读时用声音的轻重缓急、抑扬顿挫、高低起伏和长短不一来表达说话意图和情感的声音结构。俄语中的语调有 7 种不同的类型，形成 7 种不同的调型（日常常用前 6 种，中学阶段要求掌握前 5 种）。调型具有表意和表情的功能，说话人采用的调型不同，要表达的意思和感情也随之不同。尤其是在对话中，调型的作用和意义更是格外的重要。我们通过下表做一简单的对比说明：

调　型	主要适用句型	调　型　特　点	例　句
调型－1 （ИК-1）	陈述句	调心前部用平常音调，调心音调下降，调心后继续下降。	1 Это папа и мама.
调型－2 （ИК-2）	带疑问词的疑问句	调心前部用平常音调，调心音调略有提高，并加强该词重音。调心后切勿提高声调。	2 Кто это?
调型－3 （ИК-3）	不带疑问词的疑问句	调心前部用平常音调，调心音调急剧提高，调心后用低于平常的音调。	3 Это ваша школа?

调　型	主要适用句型	调型特点	例　句
调型－4 (ИК-4)	以 а 开头的反问句	调心前部用平常音调，调心音调由下降到平稳上升，调心后音调继续上升。	4 А тебя как зовут?
调型－5 (ИК-5)	带 как, какой, сколько 的感叹句	调心前部用平常音调，第一个调心上升，第二个调心上下降，调心后保持下降。	5 Какой сегодня день!
调型－6 (ИК-6)	感叹句。日常生活中常用，有明显的感情色彩。	调心前部用平常音调，调心音调平稳上升，调心后继续上升。	6 Какое красивое пальто!

举个简单的例子：

Дети играют в нашем дворе. 这是一个陈述句。我们可以把它改成不带疑问词的疑问句，进行下面的几个对话：

① — Дети играют в нашем дворе?

　— Да, дети.

② — Дети играют в нашем дворе?

　— Да, они играют.

③ — Дети играют в нашем дворе?

　— Нет, в их дворе.

④ — Дети играют в нашем дворе?

　— Нет, не в нашем дворе, а в комнате.

从字面上看，这几个问句是一样的，但是，答句却不一样，为什么呢？因为这几个看似一样的问句有不同的疑问重心，所以，答句也就不同。这和我们汉语的情形是一致的，不难理解。

由此可见，如果我们平时不注意单词的正确读音，不注意句子的调型，而是自己随心所欲地读，听俄语时，就会发生一系列的问题，听着别扭，思维跟不上，对正确读音无法认同，理解发生偏差等。

其实，俄语是听起来非常优美的语言，我们要有意识地培养自己的俄语语感，多听、多模仿，在有节奏的俄语语流中，感受和欣赏俄语音乐般的韵律和美感。掌握了正确的俄语读音技巧后，无论用俄语听还是读，对自己来说都是一种极美的熏陶与享受。

三、克服理解障碍。

由于社会对语言具有"约定俗成"性，加上俄语词序的影响，以及容易受到母语的"惯性干扰"等因素，我们有时就是听清楚了材料中的每一个单词，也很难确定某些单词或词组在材料中的确切意思。但是，这些不明白的单词或词组不是孤立存在的，它们在语法结构上，与上下文有着密切的联系，在表达的含义上，与整个语境上下衔接，有着合乎情理的逻辑关系，这就要求我们学会利用语境和上下文来正确理解听力内容，不要被一两个难以立即确定其含义的词或词语所迷惑、所吓倒，不要因小失大，忘记了所听的整体内容，影响了听的质量。听力的最终目的不是对某个词或词语的刨根问底，而是对句子、篇章等的整体把握和综合理解。只有把握了整体，也才能更好地理解局部。

四、克服文化障碍。

俄语对话谈论的话题十分广泛，有问路、购物、天气、旅游、参观、会见、结识、告别、祝愿、祝贺、邀请、致谢、建议、评论、体育比赛、健康状况等，对话的场景也不确定，可以在路上、在学校、在商场、在书店、在邮局、在医院、在家中、在餐馆、在影剧院、在车上、在打电话等，交谈的对象也形形色色，有亲人、朋友、同学、同事、上司、陌生人等，涉及到生活的方方面面，其言谈举止、衣食住行都或多或少地打着其民族的烙印，具有显著的异域特色，与我们中国人有很大差异。在听力测试的内容上，也不可避免地要涉及一些俄罗斯民族特有的文化事物和现象，因此，我们掌握一门语言，就要了解和尊重对方的人文风情，熟悉语言背后所映射出的民族文化背景知识，这有助于我们听懂对话内容、迅速正确理解说话人的意图，或者有助于我们把握文章的主体脉络、捕捉关键性信息，进行快速分析、判断和推理等。请阅读下面的例题：

Вопрос: Куда ездила Нина в каникулы?

    A. На чёрное море.   B. В Петербург.   C. Никуда.

Диалог: — Здравствуй, Нина! Как ты провела каникулы?

    — Спасибо. Очень хорошо. Была в Сочи. Там отдыхала наша семья. А ты?

    — Я был в Петербурге. Город прекрасный. Ты была там?

    — Нет, не была.

如果不知道对话中的 Сочи（索契市）是俄罗斯最大的海滨疗养地，位于黑海海滨，那么，第二个问题就无法选择正确答案。

再看下面的例题：

Вопрос: Сколько человек в этой семье?

    A. 4 человека.   B. 5 человек.   C. 8 человек.

Диалог: — Антон, у тебя большая семья?

    — Не очень большая. У меня есть фото.

    — Покажи мне.

    — Вот смотри, это наша семья. Это мой папа и дедушка. А это моя мама и бабушка. Ну, это моя сестра. И ещё есть наша собака и кошка.

在俄罗斯，人们往往把自己家喂养的猫、狗等宠物也看作家庭成员，因此，选项 C 是本小题的正确答案。

五、掌握训练技巧。

我们知道，读和听都是信息输入的过程。读是用眼睛获取文字信息，听是用耳朵获取声音信息。听，往往是被动的，而读则具有一定的主动性。能读懂的文字材料未必就能听懂。无论平时，还是高考考场上，阅读时，我们可以根据需要，有选择地放慢阅读速度，或者在某个地方做适当停顿，甚至可以回过头来做二次阅读，以弄清刚才没有弄懂的地方；而听力测试则要另当别论，高考听力考试时，无论听没听懂，听都是"一次性"的，它具有不可停顿性和不可重复性，在这个问题上，考生没有选择和商量的余地。因此，读和听相比，听更要求我们对文字具有敏锐性，要具有快速反应和准确捕捉的能力，这也要求我们必须具有扎实的语言基本功底。

俄语是词尾变化非常丰富的语言，它的可变化词类有很多种不同的语法形式，比如：动词的变位、过去时、命令式，名词、代词、形容词的变格，副词、形容词的比较级、最高级等，我们必须牢牢记住，耳熟能详！单说某一个单词的原形，有的学生可能很熟，但是，一旦把这个单词放到句子中，有了词尾的变化，就听不出来这是哪个单词、具有什么含义了。比如 взять 这个单词，尽管很多初学者都认识这个词，也知道这个词的变化特殊，但是，不少人能听懂下面的第一个句子，但对第二个句子，却很难一下子听明白。

Я <u>взял</u> зонтик и пошёл встречать бабушку（我带上一把伞去接奶奶了）。

Антон, <u>возьми</u> зонтик и пойди встречать бабушку（安东，带上伞去接奶奶吧）。

1. 提高听力水平不是一朝一夕的事，我们在汉语的环境中学习俄语，必须常说常听，常抓不懈，每天都坚持听上 30 分钟，刺激我们的听觉神经，训练听的能力。只有大量听录音，才能使自己受到正规俄语读音的熏陶。

2. 听力水平的提高不是仅凭听就能练好的。模仿朗读，是一个重要的辅助手段，它可以使我们学会纯正、规范的口语表达，具备良好的语音、语调，培养正确的语感和对语音材料的感知能力。听录音要听得耳熟能详，而模仿朗读要模仿得生动纯正。同时，要不怕出错、积极张口、大胆训练，"Учиться надо на ошибках"，"出错——改错"的过程就是一个提高、进步的过程。这一切都要靠训练，靠反复训练，这是基础，是一个艰苦的训练过程和培养过程。这一过程也要长期坚持，逐渐适应，最终形成"无须思维"的、潜在的"言语惯性"。

3. 训练时必须集中精力，一心不可二用，开始可在安静的环境里练习，达到一定的熟练程度后，可逐渐转移到有干扰和吵杂声的地方，以提高辨音和抓词能力，提高在高考考场上一旦出现意外噪音干扰而仍能继续正常考试的能力。

4. 掌握循序渐进的原则，材料内容应先易后难、语速应先慢后快，不能追求一步到位。

高考考场上的若干注意事项

当今的时代是一个信息化时代，尽管人们获得继续学习和深造的渠道多种多样，但是，坐在高等学校的殿堂里，当面聆听大学的学者、教授们的精彩讲解，系统地学习自己喜欢的专业，从而更好地服务社会、报效祖国，仍是绝大多数青年学生的美好愿望和矢志不渝追求的目标。那么，如何在高考考场上发挥真实水平，使自己平日里的辛劳汗水在高考成绩单上得到充分体现呢？每一个面临高考的高中生都在认真的思考着这个问题。

高考考场上应如何进行俄语学科的听力测试，需要注意哪些事项呢？

1. 带齐物品，提前到场。为保证听力考试的顺利进行，避免个别迟到考生对其他考生注意力的干扰，保证考生听的质量，听力开考前 15 分钟是严禁迟到考生入场的。千万记准入场时间，带齐必需的证件、文具和物品，提前到达考场待考，不要误点。

2. 放平心态，沉着答题。高考时，全省乃至全国都是同一份俄语试卷，面临的都是一样的听力问题，"狭路相逢，勇者胜"，但是，这个时候，"稳者胜"！不然，紧张素乱的心理会造成听力下降，简单的材料听不懂，简单的问题答不对，于是，越慌越忙，越忙越乱，"一步跟不上，步步跟不上"，一句听不懂，句句听不懂，一错一大片，全盘皆输，岂不悲哉？！入场后，作自我心理暗示和必要的心理调整，放平、放稳心态，从容应答。

沉着冷静，是一个考生最基本的心理素质！

心态端正是听力考试成功的一半！

3. 认真试音，顺利过渡。按照高考要求，开考后、正式播放听力材料前，都有一个"试音阶段"，这是为充分维护考生的考试利益而设计的。

通过试听，考生发现问题应及时向监考老师反映，使放音设备发挥最佳音效，以保证声音清晰、响亮，不刺耳。监考老师在高考考场上的职责就是维护良好的考试秩序，为广大考生营造一个公平竞争的环境，是保证考生顺利完成考试的"监护人"，只要同学们遵守考试纪律，他就是你的服务员，有什么问题应及时向监考老师提出，不要碍于面子或者惧怕监考老师而不愿或不敢提出，到头来，受损失的将是考生自己。

如果设备播放正常，不存在技术问题，试音的过程也正是考生忘掉自我、抛弃紧张情绪、逐步进入考试状态的过渡过程，这是正式答题前的最后一个心理调试时间，虽然，试听内容不是考试内容，考生同学仍要认真收听"试音"内容，使自己步入良好的应试状态。

4. 集中精力，开门见喜。全力以赴，做好第一题。就像打仗，这是进行听力测试的第一个"战役"，只能赢，不能输！这对鼓舞士气、坚定信心、稳定情绪有着至关重要的作用，不可小觑！第一题做得顺利、得心应手，你有可能就此进入"角色"，长驱直入，攻无不克，一顺百顺，这又是成功的一半！可以想象：假设第一题做得仓促、困难，没有丝毫把握，你就可能心跳加快、魂不守舍，一败涂地！

5. 利用间歇，预先读题。高考时，听每段对话或独白前，你有时间来阅读各个小题，每小题5秒钟；每段对话听完后，后面的每小题都给出5秒钟的作答时间。这就是说，听每段材料前，考生都有一个预先阅读问题和选项的时间。考生一定要充分利用这段时间间隔，快速浏览试卷上的问题和选项。如果三个选项都是句子，要注意观察它们的差别，主语或者主体相同时，可在谓语上做出标记；谓语相同时，可在主语或者主体上做出标记。这样做的好处是可以做好听前预测，提前了解下一问题的范围和方向，带着问题去听，在听的时候更具目的性和针对性，有利于把注意力集中到最关键的词语和信息上，准确快速地选出答案。

6. 边听边记，从容应答。考场上，由于精力过分集中，思想专注于"听懂"，而忽略了"记忆"，以至于听前忘后，顾此失彼，这种情况时有发生。因此，对听力材料中的数字、人物、地点等重要细节应在纸上随听随记；对篇幅较长的对话或独白更应如此，避免因没有记住或记得不确切而选错答案；对那些临时拿不准的地方，也要做一简要记录，在听力最终结束后，作为回忆情节、修正答案的参考。

记的时候，要做到"边听边记"、"听记两不误"，记录应在不影响听的质量和效果的基础上进行，以防因精力分散，产生新的遗漏、混乱和错误。

记录要简明、省时，自己看懂为准；记录要有条理，不可在草纸上随意乱画，到处都写，一是可以为后面的写作节约草稿纸，二是可以在听力测试结束后，为自己审查答案时提供清晰、准确的参考依据。

7. 注意语气，分清角色。高考时，所选的对话一般是在两个人之间进行的，由一男一女分角色朗读，这有利于考生及时分清人物角色的转换、弄清说话人的意图和当时的语境等。但是，有的对话发生在三个人或者更多的人之间，要是不注意，就可能弄错人物角色，搞乱语境，出现理解上的偏差，造成不该有的错误。例如：

Вопрос: Это сколько человек разговаривают?

    A. Конечно, это два человека разговаривают.

    B. Это две девушки и один юноша разговаривают.

    C. Не меньше 3 человек. Среди них не меньше 2 девушек.

Диалог: — Что будем делать завтра?

    — А какой завтра день?

    — Воскресенье.

    — Кто знает, какая завтра будет погода?

    — Я не слышала прогноза погоды.

    — А я слышала. По радио сказали, что будет жарко. Дождя не будет.

    — Давайте поедем за город.

    — Конечно, выходной надо провести за городом.

这个问题的答案，选哪个呢？对话中有人问：Кто знает, какая завтра будет погода？可以看出这是一个说话人，并且，他不是向一个人发问，被问的人至少有两个，他才可能用"谁知道（Кто знает）"这种形式发问，所以说，对话中至少有三个人物角色。随后，一个人回答说："Я не слышала прогноза погоды"，又有一个人回答说："А я слышала. По радио сказали, что будет жарко. Дождя не будет."根据说话人使用的动词"слышала"的词尾可以得知，这两个人都是女性。因此，至少有三个人（其中至少两个是女性）参与这个对话。故而，答案选 C。

尽管至少有三个人参与对话，但录制磁带时，不可能找来三个或者更多的人来进行这段对话的录制，仍然由两个人（一男一女）完成对话的朗读，所以，考生应该学会通过不同人物角色的说话语气、对话中使用的动词过去时词尾等各方面的蛛丝马迹来解决有关命题。

另外，听独白时，要注意区别简单句和复合句，分清作者的话和人物的对白等，注意语气、语调的变化。注意这些问题，对理解和答题往往会有很大帮助。

8. 放弃个别，理解整体。不要因听不懂某个词语而中断或放弃听录音。大家想一想，我们平时用汉语进行交际时，由于周围某种因素的干扰，也有听不清对方某个词或者句子的时候，但这丝毫不会影响我们正常的交流和沟通。在俄语听力训练或者正式考试时，碰到听不懂的词和词语这是正常的。如果某个词语没有听懂，千万不要停下来"追忆"它的意思，更不要紧张慌乱，一旦因此而停顿下来，注意力就会发生转移，听力就会"丧失"，很多后续信息，甚至重要信息就会丢掉，旧的问题还没来得及解决，新的问题就又出现，从而因小失大、得不偿失。一定要耐心往下听，抓住材料的关键和主干，理解句子要表达的整体意思，到最后，有可能凭上下文就可以弄明白这个词的含义，或者这些词语根本就不影响答题。因此，这时候完全可以"含糊其词"、"蒙混过关"，不必"过于认真"，必要的、少量的"一知半解"无碍大局。

9. 搁置疑问，继续前进。即使上一道题答得不好、不理想，也不要自乱阵脚，而要积极应对、及时将注意力转移到下一个问题上。听力考试中，考生的注意力绝对不要离开试卷和正在播放的听力材料，一定要与听力考试的进程"同步而行"，切忌下一段录音已开始播放，脑子里还在想着上一个问题，结果，"陪了夫人又折兵"，损失更大。听力考试过程中产生的所有疏漏和问题，都要放到听力考试结束后进行排查、验对和解决。

10. 考试结束，马上核对。听力考试有自己的特殊性，无论听没听懂，听都是"一次性"的，具有不可重复性，全部录音播完之后，考生就要 "趁热打铁"，对自己的答案进行快速回顾与确认。特别是答题过程中没有拿准的、需要推敲的，更应该结合笔记、及时回忆听力内容，联想材料细节，确定答案正误。但是，不要费时太多。

存在于一部分考生中的两个错误认识必须纠正：

一是有的考生认为，听力考试已经结束，时过境迁，很多细节无法向材料"考证"，难以对答案作最后校对，因此，干脆省略了对听力答案的最后核查环节，这是很不当的。其实，只要考生平时养成良好规范的听力习惯，在听的过程中，边听边记（记在脑子里或者记在草纸上），记准材料中的细节与关键，事后的核对是完全必要的。

二是有的考生认为，整个考试结束后，才是审核、验对答案的时机，所以也把听力答案的验对工作放到整个俄语考试结束后去做，岂不知这样一来，一个多小时已经过去，原材料中的很多信息都已经从你的记忆中淡出，这种情况下再去验对答案，已无什么实际效果和积极意义。

综上所述，我们还可以把复杂的听力测试过程简化为下面三个阶段，以使广大考生能够有条不紊、科学合理地把握考试节奏，灵活地展开听力应试。

听前阶段：在听每段材料前，充分利用指令的播放时间和命题人预留的阅题时间，快速扫视印在试卷上的问题及选项，对材料有个事先的"印象"和感性认识，预测该材料可能涉及哪个方面的话题，做好思想准备，并记住命题人提出的问题，有针对性地进行辨听，提高听力理解的效果和答题的准确性。

听中阶段：听的时候，"两耳不闻窗外事"，集中精力，全神贯注；对全文信息整体把握，对问题的细节重点掌握，对关键之处边听边记，对没有直接答案的问题合理推理、正确判断；较长、较复杂的材料一般都读两遍，第一遍没有听好时，不要着慌，争取第二遍听清楚。

听后阶段：听完每个材料后，不对"过去的事情"患得患失，不急于计较这道题做对了还是做错了，避免因小失大、因少失多的被动局面，及时转入下一题的"听前阶段"，把握好眼前就是最大的收获。整个听力结束后，可以适当地对本过程进行简短回顾与复核，及时发现错误、修正答案。

以上，我们简要分析了俄语听力测试的特点，并提出了一些基本对策。需要强调的是，由于听力是一项综合语言能力，这是一个由语言到语义、由表及里的、复杂的生理和心理上的语言感知过程。对于许多学生来说，既能听清楚、又能听明白不是一件容易的事情，听力理解能力的提高是以学生整体语言素养的提高为基础，以科学的学习方法和合理的训练方法为前提的，需要经过长期的艰苦训练和师生的共同努力方可取得令人满意的效果。

下面的一章，我们将通过一些具体例题，详细分析和探讨高考俄语听力测试题的解题思路和注意事项，帮助您了解和掌握高考俄语听力测试题的解题方法和技巧，相信会对您的学习及进步起到一定的点拨和引导作用。

第 ② 章　高考俄语听力测试实例分析

　　在上一章里，我们分析了高考俄语听力测试的特点，介绍了提高俄语听力水平的对策以及高考考场上的若干注意事项，在这一章里，我们将通过一些例题，分门别类，具体探讨解答俄语听力测试题的切入点、方法和技巧。

　　根据近几年高考俄语听力测试部分出题设问的习惯及其考查的侧重点，我们将听力测试题的类型分为以下几个类型：确认题、场景题、数字题、过程题、国情题、综合题等六个类型。

一、确认题。也可以叫做判断题。主要是考查考生根据对话内容正确判定"是谁、是什么、是什么样的"问题的能力。这是对考生听力理解和判断能力最基本、也是最重要的一个考查内容。它又分为三类：

　　◆ 第一类，常常用 кто 或者 чей 提问，在对话中，要求考生判断对话双方的身份、职业、相互关系等；在短文中，很多材料并不直接表露人物是男是女、从事何种职业、双方的相互关系等信息，而是隐含在上下文中，这就要求考生自己根据听到的关键词或者核心内容进行明确判断，谁是做什么的，他们属于医患关系、师生关系、朋友关系、同学关系、夫妻关系还是店主与顾客的关系等。这一类是"确认题"题型中考的最多的一种。如：

　　Вопрос: Кто сестра по профессии?

　　　　　　А. Врач.　　　　　　　　В. Инженер.　　　　　　　　С. Физик.

　　Диалог: —Кто это? Ваша сестра?

　　　　　　—Да.

　　　　　　—Кто она, Врач?

　　　　　　—Нет, она инженер.

　　◆ 第二类，常常用 что 提问，要求考生解答"是什么"的问题。如：

　　Вопрос: Что ищет сын?

　　　　　　А. Новую тетрадь.　　　　В. Новую ручку.　　　　　　С. Новую книгу

　　Диалог: —Мама, ты не видела мою ручку?

　　　　　　—Какую ручку?

　　　　　　—Новую, папа мне подарил.

　　　　　　—Посмотри в твоём костюме в шкафу. Папа туда положил.

　　◆ 第三类，常常用 какой 提问，要求考生解答"是什么样的"问题，判断事物的性质或特征。如：

　　Вопрос: В каком классе учится Леночка?

　　　　　　А. В первом.　　　　　　В. В последнем.　　　　　　С. В пятом

　　Диалог: —Леночка, здравствуй!

　　　　　　—Здравствуйте, Иван Иванович!

　　　　　　—Ты ещё учишься в школе?

　　　　　　—Да, в последнем классе.

二、**场景题。** 在对话中，这类题目要求考生根据对话内容或者说话人的语气正确判断对话人所处的地点或者要去的方向、自何而来或对话中某人某物所在的地点等；在短文中，要求考生判断故事中的主人公从何而来、要去哪里，在何处从事活动等。主要的疑问词是где，куда，откуда等。如：

Вопрос: Где почта?

        А. Около школы.   В. Около магазина.   С. Около кинотеатра.

Диалог: —Простите, вы не скажете, где здесь почта?

        —Это недалеко, около кинотеатра.

Вопрос: Куда идёт Петя?

        А. На урок физкультуры.   В. На площадку.   С. На урок физики.

Диалог: —Петя, ты куда?

        —На урок физкультуры.

三、**数字题。** 要求考生根据材料内容判断事物的数量和差量，人物的年龄和事物的历史，商品的价格，事件发生的时刻、年月日，行为的次数，行为及行为的结果延续的时间，以及电话号码或者进行简单的计算等，常用的疑问词是сколько。数字是日常交际和高考听力测试不可或缺的内容，是命题人最容易"做文章"的地方，甚至有的材料中涉及到的数字不是一个两个，而是多个，考生在听的时候，一定要笔不离手，及时记录，以免听前忘后，或者弄混弄错这些数字，并注意将听到的俄语数词转换成阿拉伯数字。如：

Вопрос: Сколько лет Саше?

        А. Одиннадцать.   В. Двадцать.   С. Тридцать.

Диалог: —Саша, сколько тебе лет?

        —Мне двадцать лет.

Вопрос: Сколько человек ведёт этот разговор?

        А. Два.   В. Три.   С. Много.

Диалог: —Ребята, кто знает, почему наша улица называется «Лесная»?

        —Я не знаю.

        —А я знаю. Много лет назад здесь был лес. Были берёзы, дубы, ёлки.

Вопрос: Сколько раз в неделю Ира слушает звукозапись?

        А. Один раз.   В. Два раза.   С. Три раза.

Диалог: —Ира, ты часто слушаешь звукозапись?

        —В неделю три раза.

Вопрос: На сколько лет дедушка старше бабушки?

    А. 3 года.   В. 2 года.   С. 4 года.

Диалог: —Юра, сколько лет твоей бабушке?

       —Ей 63 года.

       —А дедушке?

       —66.

四、过程题。 考查学生关注事件、掌握行为进程、了解事件细节的能力。它针对材料中提到的行为和过程的细节进行提问，常用的疑问词有：как，почему，зачем，куда，откуда，где，когда等。这类试题在听力测试中非常常见，尤其是在短文中，所占比例更大，由于它针对的是事件的细节，因而，内容复杂，问题多样，覆盖的信息量大，涉及的面广，几乎所有的疑问副词都可以在这里提问，因而，也是考生最容易出错的一类试题。听题时，考生不仅对事件本身要有充分的认识，更应该对事件的细节了如指掌。如：

Вопрос: Как ребята отдыхали?

    А. Одни гуляли и собирали ягоды, другие ловили рыбу и плавали.

    В. Одни собирали грибы и ягоды, другие катались на лодке.

    С. Одни ловили рыбу, другие собирали ягоды и грибы.

Диалог: —Ира, в воскресенье у нас была замечательная поездка за город.

       —А что вы там делали?

       —Кто гулял по лесу, собирал грибы, ягоды, кто ловил рыбу на озере.

       —Наверно, устали очень?

       —Наоборот, хорошо отдохнули.

       —В следующий раз обязательно возьмите меня.

五、国情题。 这类试题考查学生对俄罗斯国情常识的了解程度以及据此分析问题、解决问题的能力。这里说的俄罗斯国情，既包括俄罗斯地理常识、重大历史事件、名人名家，也包括俄罗斯的民风民俗等一些常识性的东西。如：

Вопрос: В какой город Вера приехала на экскурсию?

    А. В Санкт-Петербург.   В. В Москву.   С. В Пекин.

Диалог: —Какая встреча, Вера! Как ты на Красную площадь попала?

       —Здравствуй, Коля. Мы на экскурсию приехали.

    解答这个问题时，若不清楚 Красная площадь 是 Москва 的代表和象征，就会发生困难、无法答题。

六、综合题。 以上五个类型的听力测试题，是五个独立的，但不是孤立的听力测试类型，也就是说，命制听力试卷时，这五种类型可以独立成题，但也可以两个或多个类型在一个材料中同时组成试题，这就形成综合题。在综合题里，往往既包括确认题，又包括数字题、场景题、过程题等，他们可能在同一个材料中同时出现。篇幅比较长的材料，信息量大，题眼儿多，考点也就多，容易就不同的角度出题设问，一般都属于这类综合题。

下面我们就结合一些经典实例，对各种类型的听力试题和综合听力试题进行答题分析，希望对同学们有所启示和帮助。

Вопрос 1: Сколько слов Саше надо выучить?

           A. 10.   B. 15.   C. 50.

Вопрос 2: Кто будет смотреть телевизор?

           A. Саша.   B. Товарищ Саши.   C. Никто.

Диалог: —Саша, что ты делал вчера?

           —Занимался, учил новые слова.

           —Все слова выучил?

           —Нет, только десять. Надо выучить ещё пять.

           —А я уже всё выучил, все уроки сделал.

           —И что ты сейчас будешь делать?

           —Смотреть телевизор.

当看到问题及其选项时，我们马上就可以判断出，第一个问题是个数字题，товарищ Саши 问 Саша: Все слова выучил? 而 Саша 回答说：Нет, только десять. Надо выучить ещё пять. 显然，这需要进行简单的加法运算，答案选 B。

第二个问题是个确认题，但不好回答，一般只听第一遍很难做出正确选择，因为这涉及到对话中双方角色的认定，需要我们把每句对话一一对应起来，弄清哪句话是哪个人说的：材料的第一句话就问：Саша, что ты делал вчера? 显然，这句话的说话人非 Саша，而是 товарищ Саши，最后一句话 "Смотреть телевизор" 是第七句，和第一句话一样属于奇数句，其说话人也是 товарищ Саши，所以，本小题答案为 B。但是，听的时候，如何确定哪句话是哪个人说的呢？在这类由两个人进行的一问一答式的对话中，我们分别记住朗读的男声和女声各代表哪个角色就可以了。

另外，在听这段对话时，要注意动词的完成体和未完成体的用法区别：未完成体 учить 是 "记、学、背" 的意思，表示行为本身的发生和进行，而完成体 выучить 是 "记住、学会、背会" 的意思，表示行为的完成和结束等。

Вопрос: Какой номер нужен Виктору?

           A. 1122120.   B. 1212012.   C. 1211220.

Диалог: —Вам кого?

           —Простите, это Виктор говорит. Кто у телефона? Доктор Лебедев?

           —Нет. Какой номер вам нужен?

           —Сто двадцать один, двенадцать, двадцать.

           —Вы не тот номер набрали.

通过预读问题和选项，我们得知，这是一个有关电话号码的数字题。

我们应该估计到两个可能的情况：一是在这个对话中可能只出现一个电话号码，让你对号入座，看你听到的与哪一个选项吻合，这种情况下，问题相对简单，直接听、直接选就行了；二是对话中可能出现多个电话号码，让你听判哪个电话号码符合题项要求，这种情况就复杂了，需要考生集中精力听准每一个电话号码的读音，再行判选。做好了充分的预测和准备，才能够有的放矢、目的明确地去听，而不至于临阵慌乱。

另外，当问题的选项全部是阿拉伯数字而非俄语数词时（如本题的三个选项），我们往往受母语的干扰，用汉语的方式和习惯去思考、理解和对待这些数字，对这些数字脑海里根本没有"俄语意识"和俄语思维，以至于，当有声材料读出这些俄语数词时，思想完全没有准备，猝不及防，突然感觉很"陌生"，一时间反应不过来，选择答案时，就只有凭印象，跟着感觉走，毫无根据地乱选了，因而，不少学生给出的答案是不正确的。所以，以后碰到关于选项是阿拉伯数字的问题时，最好要把选项中的这些数字事先用俄语读一遍，以提高听录音时大脑的辨音能力和反应速度，如果时间来不及，那就必须在听的时候，集中精力听准材料中的数词，在草稿纸上写出正确数字，然后确定答案。本题答案为 C。

还需要说明的是，俄语中的电话号码有两种常见的读法：一是分段来读，就像本段材料中的电话号码 1211220，可以读作"сто двадцать один, двенадцать, двадцать"，分段时，七位号码一般按照下面的方式分段，"121-12-20"；二是一个数字一个数字地读，还以上面这个号码为例，可以读作"один, два, один, один, два, два, ноль"。如果对此不了解，听录音时，你可能一下子手忙脚乱起来。

<u>Вопрос:</u> Какая температура у этого больного?

      A. 37, 8.   B. 38, 7.   C. 37 – 38.

<u>Диалог:</u> —Что с вами?

      —У меня болит голова.

      —А какая у вас температура?

      —Тридцать семь и восемь.

      —Я думаю, что у вас грипп.

读完问题和选项，就知道这也是一个数字题，它涉及温度的写法和读法，在俄语和汉语中，温度的写法和读法也是不一样的，比如：三十七点八度，在汉语中写作"37.8"，而在俄语中通常写作"37,8"，读作"тридцать семь и восемь"。所以本题选 A。

<u>Вопрос:</u> Когда уходит поезд в Санкт-Петербург?

      A. Днём.   B. Вечером.   C. Утром.

<u>Диалог:</u> —Ты не знаешь, когда уходит поезд в Санкт-Петербург?

      —В 19.40.

命题人对很多问题的设置，并不是直来直去、非常直白的，而是把材料中的内容用另外的说法或者从另一种角度提给我们，来考查答题人的知识面、应变能力和心理素质等。上面的这段材料涉及的是钟点表示法，但是，问题的选项却是以一天中表示四个时间段的副词来给出的。在俄语中，下午 5 点到夜间 12 点以前属于 вечер，夜间 12 点到次日清晨 4、5 点属于 ночь，清晨 4、5 点到上午 12 点以前属于 утро，中午 12 点到下午 5 点以前属于 день。所以，本题选 B。

还需提醒大家注意的是：在俄语中，用数字表示钟点的习惯与汉语是不一样的，例如，十九点四十分，在汉语上表示为"19：40"，而在俄语上可以表示为"19.40"，这些东西似乎不值一提，但如果平时不注意，关键时候会影响你思辨的速度和可靠性。

Вопрос: Сколько лет Виктору?

　　A. 20.　　　　　　　　B. 21.　　　　　　　　C. 19.

Диалог: —Виктор, ты старше или моложе Бориса?

　　　　—Я моложе его на год.

　　　　—А сколько лет ему.

　　　　—Ему двадцать.

读完问题和选项，我们知道，这是一个关于年龄的数字题。对话主要涉及年龄表示法，内容简单，事实清楚，都是常用的积极词汇，听起来不费事。我们只要抓住这段材料的基本内容 Ему (Борису) двадцать лет, я моложе его на год, 就可以通过再简单不过的加减计算获得问题的答案。答案选 C。

Вопрос 1: Что хочет купить мужчина?

　　　　A. Чёрный хлеб и молоко.

　　　　B. Две бутылки пива и хлеб.

　　　　C. Молоко и белый хлеб.

Вопрос 2: Сколько нужно заплатить за покупку?

　　　　A. 12 рублей 50 копеек.　　B. 19 рублей 50 копеек.　　C. 18 рублей 50 копеек.

Диалог: —Девушка, мне две бутылки молока и хлеба.

　　　　—Вам какой? Чёрный или белый?

　　　　—Чёрный, пожалуйста.

　　　　—С вас девятнадцать рублей пятьдесят копеек.

读完这两个问题和选项，就不难预测，这可能是一个发生在食品店里的对话。

对于问题 1，只要听懂材料中的第一句"Девушка, мне две бутылки молока и хлеба"，就可以排除选项 B，只要听懂第 2、3 句：

—Вам какой? Чёрный или белый?

—Чёрный, пожалуйста.

就可以排除选项 C，所以，答案选 A。

对于问题 2，应该能够迅速发现三个选项都包含"50 копеек"这一内容，他们的不同之处在于卢布的数值，此时，我们可以忽略相同的，侧重不同的，所以，集中精力听懂卢布前的数字即可，答案选 B。

Вопрос: Завтра будет дождь?

　　　　A. Будет дождь.　　　　B. Не будет дождь.　　　　C. Мы не знаем.

Диалог: —Иван Иванович, вы не знаете, какая завтра будет погода?

　　　　—Хорошая. Завтра будет не очень жарко, температура воздуха: 22.

　　　　—А дождь будет?

　　　　—По радио не говорили, что будет дождь завтра.

这个小题是一个有直接答案的问题，但是同学们做错的也很多。材料中的最后一句"По радио не говорили, что будет дождь"就是答案。很多人抓住了所谓的"关键词"：будет дождь завтра 或者 говорили, что будет дождь завтра，因此，认为本题选 A，而事实上，本题应该选 C，材料中的 не говорили 才是关键，听到 не 才能作对。我们愿意再次提醒同学们，一定要注意否定句和否定句中的否定词。吃一堑，长一智，不可掉以轻心！

Вопрос 1: С кем играла в футбол наша команда вчера?

          A. С командой первой школы.

          B. С командой второй школы.

          C. С командой третьей школы.

Вопрос 2: С каким счётом проиграла команда второй школы?

          A. 3:1.   B. 2:1.   C. 1:3.

Диалог: —Надя, вчера команда нашей школы играла в футбол с командой второй школы.

         —Как сыграли?

         —Наши ребята выиграли со счётом 3:1

         —Не может быть! Ведь они сильнее нас. Ну, наши молодцы!

两个问题的字数比对话本身的字数还多，也就是说，材料相对简单，问题相对复杂，这就要求我们既要认真听清楚材料内容，又要认真弄清楚问题的问与答。

第一个问题不是太难的问题，直接选 B 就行了。但是，第二个问题需要大家格外小心，原句中陈述"我们的队员三比一赢了比赛"，而问题中问的却是"二中的校队几比几输了比赛？"一输一赢（проиграть 和 выиграть），这可是同一问题的两个不同的表述角度，赢是"三比一"，而输就是"一比三"，所以，本小题选 C。

比如下面几个俄语句子都说的是一个基本意思，但陈述的角度不一样，表达上也不相同。

1) Команда «Динамо» проиграла «Спартак» со счётом 1:2.

2) «Спартак» выиграл у «Динамо» со счётом 2:1.

3) Команда «Спартак» победила «Динамо» со счётом 2:1.

4) Игра закончилась со счётом 1:2 в пользу «Спартак».

所以，今后答题时，一定要注意反义词或者其他相反的陈述形式，以防止"形似神非"的误听误判。

Вопрос: Почему Анна Сергеевна подарила Петру Сергеевичу цветы?

         A. У него день рождения.

         B. У него новая семья.

         C. У него новая квартира.

Диалог: —Здравствуйте!

         —Здравствуйте, Пётр Сергеевич. С новосельем вас. Это вам цветы.

         —Какие красивые цветы! Это мои любимые цветы! Большое спасибо, Анна Сергеевна!

这个问题设置得比较隐蔽，材料中并没有提到三个选项中涉及的 день рождения、новая семья 和 новая квартира 这些词语，如果仅凭听觉，是找不到答案的，材料中有一个关键的地方：

С новосельем вас（祝贺您乔迁之喜），正是这个"看上去不起眼"的句子告诉我们答案是 C。所以，我们要善于抓住材料中的只言片语，利用点滴信息，找到解决问题的关键。

    <u>Вопрос</u>: Женя — это девочка или мальчик?

        A. Мальчик.   B. Девочка.   C. Трудно сказать.

    <u>Диалог</u>: —Женя, сколько тебе лет?

          —Мне 5 лет.

          —Ты первый раз на выставке?

          —Первый.

          —Ты одна или с мамой?

          —Одна.

          —Тогда мы советуем тебе посмотреть игрушки, они тебе понравятся.

从问题的题干"Женя 是个男孩子还是个女孩子？"就知道这是一个判断对话人"性别身份"的小题，属于确认题，简短的对话未涉及这个内容。Женя 既可以是男人名，也可以是女人名，所以，单从 Женя 这个名字也看不出来是男是女。但是，对话中的一个问句："Ты одна или с мамой？"一语破的，道破了"玄机"，одна 本来是个数词，但在这里它是个副词，做状语，表示方式，和主体（主语）ты 保持性、数、格的一致，одна 是阴性形式，说明 ты 也是阴性（女人），因而，答案为 B。这正可谓"细微之处见真功"。

    <u>Вопрос</u>: Что купил этот покупатель?

        A. Несколько конвертов и три марки.

        B. Конверты, три марки и одну открытку.

        C. Несколько конвертов и четыре марки.

    <u>Диалог</u>: —У вас есть конверты?

          —Вот, пожалуйста, смотрите!

          —Я возьму эти. И ещё три марки для письма и одну для открытки.

          —Тридцать копеек.

          —Спасибо.

通过预读问题和选项，我们可以判断，所给的听力材料可能是发生在邮电局里的一段对话。这是一个用疑问词 что 提问的确认题，也是一个出错率很高的题，很多人选了 B。问题的关键在于，要听明白对话中第三句话"И ещё три марки для письма и одну для открытки"的真正涵义。尤其要清楚，在 одну 的后面，说话人省略了一个 марку，全句应该是：И ещё три марки для письма и одну марку для открытки. 这样不难看出，本题答案选 C。所以，我们平时还要习惯听那些不完全句和省略句，以帮助我们准确理解句子的完整意义。

    <u>Вопрос</u>: На чём Зина едет домой?

        A. На метро.   B. На автобусе.   C. На троллейбусе.

    <u>Диалог</u>: —Зина, ты едешь домой на метро?

          —Нет. Наш дом недалеко от остановки автобуса, не надо на метро.

预读问题和选项后，我们得知，它要求我们判断 Зина 乘坐什么车回家。对话中 Зина 告知对方：我们家离公交车站很近，不必乘地铁，所以答案选 B。但是，我们在听这个材料的录音时，会遇到一些辨音、辨词上的困难，在 "Наш дом недалеко от остановки автобуса" 这句话中，词组 наш дом 中的 наш 读作 [наж]，词组 от остановки автобуса 中 от остановки 要连读。这些情况的出现，会给一些考生带来不小的难度，所以，日常学习中，我们应该注意俄语的读音规则和技巧。

Вопрос 1: Кто из них гость?

    А. Иван Иванович   В. Мария Васильевна   С. Ирина Викторовна

Вопрос 2: Сколько детей у Марии Васильевны?

    А. Двое   В. Один мальчик   С. Одна девочка.

Вопрос 3: Сколько человек разговаривает?

    А. Два.   В. Три.   С. Пять.

Вопрос 4: Сколько человек при их разговоре?

    А. Три.   В. Четыре.   С. Пять.

Диалог: — Здравствуйте, Иван Иванович! Проходите, пожалуйста. Будьте как дома.

    — Мария Васильевна, познакомьтесь, это моя жена ...

    — Ирина Викторовна. Рада познакомиться. Много слышала о вас.

    — Я тоже очень рада. А это наши дети: Максим и Рита.

短短的四句对话竟然出了四个问题，问题的密度很大。稍不注意，容易漏听关键性信息，导致选错答案。

问题 1 是一个确认题，问题 2、3、4 都是数字题。

根据第一句对话 "Здравствуйте, Иван Иванович! Проходите, пожалуйста. Будьте как дома" 我们可以推断，Иван Иванович 是来访的客人，所以问题 1 答案选 A。

问题 2 有直接答案，答案为 A。

从对话内容的来看，参与对话的有三个人：Иван Иванович、Мария Васильевна 和 Ирина Викторовна，所以问题 3 的答案是 B。

对话的第四句告诉我们，在对话现场还有两个孩子，所以，共有 5 人在对话现场，问题 4 选 C。

通过听对话，我们知道，在这段对话中，出现了三个人名，并且都是 "名字 + 父称" 的形式。在听俄语录音时，我们会发现，专家们对这些俄罗斯人名的读音与我们的读音似乎不大一样，什么原因呢？我们读俄罗斯人的名字和父称时，习惯直接拼读，读字面音，这是不合乎标准的。事实上，很多俄罗斯的名字和父称的发音特点并没有体现在文字上，而是有自己的读音规则：在一些比较常见的男人的父称中，非重读的后缀 -ович 读作 ыч，-евич 读作 ич，如：

Ивáнович — Ивáныч   Антóнович — Антóныч   Пáвлович — Пáвлыч

Андрéевич — Андрéич   Николáевич — Николáич   Сергéевич — Сергéич

在常见的女人父称中，ée 读作 é，áе 读作 á，非重读的 ов 不发音，如：

Алексéевна — Алексéвна   Сергéевна — Сергéвна

Николáевна — Николáвна   Ивáновна — Ивáна   Антóновна — Антóна

掌握了这些知识，并学会用这种标准的读音去读，在听录音材料时，也才能从容不迫，泰然自若。

<u>Вопрос 1</u>: Где идёт этот разговор?

        A. На остановке.   B. В метро.   C. В автобусе.

<u>Вопрос 2</u>: Где выходит первый пассажир?

        A. На остановке «Зоопарк».

        B. На остановке «Большой театр».

        C. На улице «Большой театр».

<u>Диалог</u>: —На следующей остановке выходите?

        —А какая следующая?

        —«Зоопарк».

        —Мне нужно до «Большого театра».

        —Это ещё долго. Разрешите пройти.

        —Пожалуйста.

从问题及选项上看，这两个问题都属于场景题，且对话应该发生在车上，具体是什么车，我们可以结合问题 2 看出：问题 2 的前两个选项用的都是名词 остановка，说明这是公共汽车站，而非地铁车站，所以问题 1 选 C。也就是说，不用听对话材料，我们就可以推测出问题 1 的答案选 C 了。这种问题之间互相暗示，不经听力过程而就可以知道答案的、单纯的"推理题"，在高考听力测试中会竭力予以避免，高考命题不允许这种情况的出现。但是，这个题作为反面教材，可以从另外的角度说明，在听力前预先阅读问题及选项，并进行必要的预测和判断是多么的重要。

问题 2 问的是"第一个乘客在哪个站下车"，从第一个乘客说的这么一句"Разрешите пройти."可以得知，他准备在下一站（也就是马上要到达的车站）下车，而下一站就是 Зоопарк 站，所以本题选 A。

<u>Вопрос</u>: В какой город Вера приехала на экскурсию?

        A. В Санкт-Петербург.   B. В Москву.   C. В Пекин.

<u>Диалог</u>: — Какая встреча, Вера! Как ты на Красную площадь попала?

        —Здравствуй, Коля. Мы на экскурсию приехали.

这是一个确认题。预读问题和选项可以初步判断，材料中可能出现两个情况：一个是材料中直接出现三个选项中的地名，供你直听直选；一个是不直接出现三个地名，而是以另外隐含的信息形式给出这是哪座城市。因此，虽然在对话中，我们没有直接听到 Москва，Санкт-Петербург 和 Пекин 的名字，但是，Красная площадь 这显然是 Москва 的标志，是它的代名词。因此，答案选 B。这是一个相对比较简单的国情类考题。

<u>Вопрос 1</u>: Когда идёт этот разговор?

        A. Утром.   B. Днём   C. Вечером

<u>Вопрос 2</u>: Бегал ли раньше Боря?

        A. Не бегал.   B. Он бегал.   C. Не знаем.

<u>Диалог</u>: —Доброе утро, Боря!

        —Привет, Серёжа! Как живёшь?

        —Хорошо. А как ты? Ты всё ещё каждый день бегаешь?

        —Да, я бегаю каждый вечер. Я люблю бегать.

第一个小题问的是"这个对话发生在什么时候"，但是，粗心的人在对话中听不到这个问题的答案，其实，第一句话"Доброе утро"（一句极为平常的招呼语、客套话）直接表明了两人是在早晨见面的，因此，本小题选 A。

第二个小题，问的是"Боря 从前跑步吗？"材料中也没有能够回答这个问题的直接内容，甚至，对话中就没有出现动词的过去时形式或者"раньше"这样的词，但是，Серёжа 问 Боря："Ты всё ещё каждый день бегаешь？"意思是"你现在仍然每天跑步吗？"Боря 回答"Да"，言外之意，他过去是跑步的，所以选 B。

<u>Вопрос 1</u>: Когда Ли Мин пойдёт на почту?

    A. В три часа.   B. В час.   C. В два часа.

<u>Вопрос 2</u>: Кто живёт в Москве?

    A. Ли Мин.   B. Антон.   C. друзья Антона.

<u>Диалог</u>: —Ли Мин, мне нужно на почту. Я хочу послать открытки друзьям в Москву. Ты мне не поможешь?

    —Что ты, Антон. Я, конечно, помогу. Но сейчас я не могу. Пойдём в два часа, хорошо?

    —Хорошо. Спасибо.

问题 1 有直接答案，听起来不费力，此处不作说明，答案为 C。

问题 2 就有不少学生选错，为什么呢？因为不少同学想当然地去做，没有抓住材料的关键句子，本小题的问题是 Кто живёт в Москве? 选项中给出了 Ли Мин 和 Антон，前者，显然是中国人，后者是俄罗斯人，所以，后者 Антон 才可能住在莫斯科，于是给出答案 B。这是一种不负责任的表现，甚至没有认真去听材料，万万要不得。材料的第一句有"Я хочу послать открытки друзьям в Москву"，意思是"我想往莫斯科给朋友们寄一些明信片"，充分说明说话人 Антон 此时并不住在莫斯科，而他的朋友们却在那里生活。所以答案选 C。

<u>Вопрос 1</u>: Когда идёт этот разговор?

    A. В начале урока.   B. В середине урока.   C. В конце урока.

<u>Вопрос 2</u>: Какой урок идёт?

    A. Урок по физике.   B. Урок по географии. C. Урок по математики.

<u>Вопрос 3</u>: Все сегодня на уроке?

    A. Да, все на уроке.   B. Нет, один не пришёл.C. Все, кроме Юры.

<u>Вопрос 4</u>: Как зовут отца их учительницы?

    A. Его зовут Игорь.   B. Его зовут Николай.   C. Его зовут Юра.

<u>Диалог</u>: —Доброе утро, Мария Николаевна!

    —Доброе утро, ребята. Садитесь. Все сегодня в классе?

    —Все. Только Игоря нет.

    —Ну, начнём заниматься. Сначала я вас спрошу, а потом мы будем проходить новый урок. Кто пойдёт к доске?

    —Мария Николаевна, можно я?

    —Хорошо, Юра, пожалуйста. Расскажи нам о городе Волгограде. А вы, ребята, слушайте внимательно.

根据对问题1、2及其选项的预读，可以判断这段对话发生在课堂上。

根据对问题3及其选项的预读，可以判断这段对话可能发生在刚上课时。

根据对问题4及其选项的预读，可以判断这段对话可能是师生之间的对话。

根据对话的前两句内容，我们可以清楚地判断出这个对话就是师生之间在刚刚上课、相互问候致意时的情景。所以问题1选A。

根据下面的问答：

—Все сегодня в классе?

—Все. Только Игоря нет.

我们可以断定问题3答案选B。

根据教师 Мария Николаевна 对 Юра 的指令 "Расскажи нам о городе Волгограде." 我们可以判断问题2的可能答案是B。

根据俄罗斯人的习惯以及这个对话里学生对教师的称呼，Мария Николаевна 显然是 "名和父称" 的形式，因此，我们可以有充分的理由确定问题4的答案为B。

<u>Вопрос 1</u>: Где идёт этот разговор?

    А. На площади Пушкина.   В. На остановке.   С. В автобусе.

<u>Вопрос 2</u>: Часто ли встречались Вера и Алёша до этого разговора?

    А. Да, часто.

    В. Они давно не виделись.

    С. Это они впервые увиделись и познакомились.

<u>Диалог</u>: —Доброе утро, Вера!

    —Здравствуй, Алёша!

    —Как дела?

    —Хорошо. А как ты живёшь?

    —Ничего, спасибо.

    —Куда ты едешь?

    —На площадь Пушкина.

    —Это ещё далеко. А я выхожу на этой остановке.

    —До свидания.

    —Всего хорошего.

根据对问题1和问题2及其所有选项的预读，我们可以联想到，这可能是两个人在某处相遇时进行的对话。听过对话后，我们可以在脑海里形成一个比较清晰的对话情景：Утром Алёша и Вера едут на одном автобусе. Алёша едет на площадь Пушкина, а Вера скоро выйдет из автобуса. 所以，这是发生在公交车上的对话，问题1的答案为С。从他们最初几句对话的语气里，我们可以确定这是两个久未相见的熟人，所以，问题2答案为B。

<u>Вопрос 1</u>: Как ребята на реку?

    А. Пешком.   В. На автобусе.   С. На велосипеде.

<u>Вопрос 2</u>: Кто такой Алексей Фёдорович?

    А. Он рабочий.   В. Он писатель.   С. Он учитель.

<u>Вопрос 3</u>: Какая сегодня погода?

       A. Холодно, идёт снег.   B. Холодно, минус 15.   C. Минус 15, идёт снег.

<u>Диалог</u>:   —Ребята, вы куда?

         —На реку. Пошли вместе с нами, Алёша.

         —А что мы будем там делать?

         —Смотреть, как плавают.

         —Кто же в такую погоду плавает? Холодно очень, минус 15 градусов.

         —Есть смелые люди. Они плавают зимой, даже когда идёт снег. Вот наш учитель такой. Он сегодня плавает.

         —Алексей Фёдорович? Тогда я пойду с вами, посмотрю.

通过预读这三个问题和所有选项，很难确定这个对话材料是哪个方面的主题内容，在这种情况下，就只有认真听对话材料了。听完这个对话的第一遍朗读，我们心里就可以对对话的情景有个比较清晰的认识：Ребята идут на реку смотреть, как плавает их учитель Алексей Фёдорович в очень холодную погоду. 然后带着问题去听第二遍，争取解决问题。

对话中，同学们建议 Алёша 一起去河边，用了一个动词"пошли"，这是运动动词"пойти"的过去时形式，在口语上可以作第二人称命令式用，最后，Алёша 接受了建议，决定一起去，于是说"Тогда я пойду с вами, посмотрю"，这里也用了运动动词"пойти"，这就充分说明他们是步行去河边的，所以第一题答案选 A。

同学们说到 Смелые люди плавают зимой, даже когда идёт снег. Вот наш учитель такой. Он сегодня плавает. 接着，Алёша 惊奇地问：Алексей Фёдорович? 注意这句话朗读人是用调型 4 朗读的，表示惊讶和疑问，从这个语气上，我们就可以知道 Алексей Фёдорович 就是他们的老师，所以问题 2 选 C。

我们还注意到，Алёша 曾不乏怀疑和惊奇地问 Кто же в такую погоду плавает? Холодно очень, минус 15 градусов. 从他如此说话的语气上，我们也可以知道，今天的天气很冷，零下 15 度。所以问题 3 选 B。

通过这个例子，我们应该清醒地认识到，真正听懂一个材料，不仅要听懂材料中的每一个单词和句子，还应该听明白说话人不同的语气，因为它生动地表达着疑问、怀疑、惊讶、赞赏、感叹、遗憾、无奈等不同的情态意义，传达着说话人的思想和感情，包含着丰富的感情信息。若忽视了说话人语气的存在和作用，也就意味着无法完整地理解材料的信息内容。

<u>Вопрос 1</u>: Это кто с кем разговаривает?

        A. Мальчик с девочкой.

        B. Два мальчика разговаривают.

        C. Две девочки разговаривают.

<u>Вопрос 2</u>: Кто кому будет звонить вечером?

        A. Яков другу.   B. Друг Якову.   C. Никто.

<u>Диалог</u>:   —Вот так встреча! Яков, это ты?

         —Конечно, я. Здравствуй! Очень рад тебя видеть.

         —Я тоже. Как ты живёшь?

—Спасибо, хорошо. А как твои дела?

—Всё по-старому.

—Ты не видел Лену? Как у неё жизнь?

—Я часто встречаю её. Живёт она неплохо. Сейчас учится рисовать у художника.

—Вот новость! Я рад за неё.

—Яков, позвони мне вечером. Телефон помнишь?

—Конечно. А что делаешь вечером?

—Я? Свободен. Буду ждать твоего звонка. До встречи!

—Всего доброго.

通过预读问题和选项，我们可以得知，问题1要求判断说话人双方的"性别身份"，这一般不在材料中直接表明，而是通过很细微的、极易被忽视的词尾形式暗示出来，比如，动词的过去时形式、形容词的长、短尾形式等；问题2要求判断说话人中谁将给谁打电话，这就需要认真听清、理清说话人的先后顺序和人物角色的互换，特别是对比较长的对话材料，更需要采用一定的方法来保证答案的正确。这是两个确认题。

通过材料的第一句：Вот так встреча! Яков, это ты? 可以知道第二个说话人是 Яков，男人。在材料的最后，我们又听到：

Яков 问：А что делаешь вечером?

对方答：Я? Свободен. Буду ждать твоего звонка. До встречи!

Свободен 是形容词的阳性短尾形式，它在句子中作谓语，要和主语保持性、数的一致，结合这两句话的语义和语气，我们就可以断定，这个句子的主语 Я，也就是第一个说话人是男人。所以第一小题选 B。

我们还注意到，对话中有 "Яков, позвони мне вечером. Телефон помнишь？" 这么一句，可以看出，晚上 Яков 将给朋友打电话，所以第二题选 A。

<u>Вопрос 1</u>: Почему он любит весной гулять по лесу?

    A. Здесь есть хорошая погода.

    B. Здесь есть птицы.

    C. Здесь воздух свежий и птицы поют.

<u>Вопрос 2</u>: А почему он ездил в Горки в прошлое воскресенье?

    A. Здесь свежий воздух.

    B. Здесь жил великий вождь Ленин.

    C. Здесь Ленин провёл первые годы своей жизни.

<u>Вопрос 3</u>: Ты знаешь, какой город близко от деревни Горки?

    A. Москва.   B. Минск.   C. Санкт-Петербург.

<u>Диалог</u>: —Как вы проводите свободное время?

    —В хорошую погоду мы с друзьями идём гулять.

    —Куда обычно? Просто в парк или за город?

    —Стараемся ходить пешком за город. А летом ходим в лес и на реку.

    —Я люблю гулять по лесу весной. Воздух свежий, птицы поют.

—А где вы были в последнее воскресенье?

—Мы с товарищами ездили в Горки, в Дом-музей Ленина.

—И мы собираемся туда.

这个材料的第一和第二个问题不难解决，使用的疑问词都是 почему，都是对行为的原因进行提问，答案分别为 C、B。

第三个问题的答案不在材料里，是材料中所没有的，这是一个国情题，它考查的是与历史有关的地理知识。我们应该知道，Горки — маленькая деревня недалеко от Москвы. Здесь Ленин провёл последние годы жизни. 所以，本题答案为 A。

Вопрос 1: Сколько заданий есть у Аси?

    A. Всего одно.   B. Всего два.   C. Всего три.

Вопрос 2: Когда напишет сочинение Ася?

    A. Завтра.   B. Сегодня.   C. Никогда.

Диалог: —Ася, какое у тебя задание?

          —Выучить новый текст и написать сочинение.

          —Ты выучила текст?

          —Да. Я долго учила и теперь уже выучила.

          —А сочинение?

          —Сочинение ещё не написала. Напишу завтра.

          —Я думаю, лучше написать сегодня.

          —Хорошо, я напишу.

这两个小题都有直接答案，不是很难。第一小题主要根据前两句对话来判断，两个动词不定式就是两个要完成的作业，所以选 B。第二个小题主要根据最后两句对话来完成，有人建议 Ася 最好今天写好作文，Ася 接受了这个建议，因此，这个小题也选 B。

Вопрос 1: Где живёт друг Юры?

    A. Ул. Горького, д. 20, кв. 32.

    B. Ул. Толстого, д. 12, кв. 32.

    C. Ул. Толстого, д. 20, кв. 32.

Вопрос 2: Когда Юра пойдёт в гости к Ире?

    A. В воскресенье   B. До воскресенья.   C. В любое время.

Диалог: —Юра, приходи ко мне в гости в воскресенье.

          —Ой, спасибо, Ира. А где ты живёшь?

          —На улице Толстого.

          —В каком доме?

          —В доме номер 20.

          —В какой квартире?

          —В тридцать второй, на пятом этаже. Запомнил?

          —Да. До воскресенья.

在这个对话中，Юра 和自己的朋友一问一答，提问和回答都很简洁和直接，没有废话，我们听的时候一定要集中精力、认真去听，稍不留神，一句关键性的信息就会漏掉，从而影响正确选答，不仅如此，还要边听边记，把听到的内容迅速、简捷地记在手头的纸上，防止手忙脚乱，听前忘后。还有，我们还应该熟悉日常生活中常见单词的简写方式，如：Ул. = улица, д. = дом, кв.= квартира。第一小题选 C。

第二个小题问的是 Когда Юра пойдёт в гости к Ире? А、В 两个选项中的 В воскресенье 和 До воскресенья 都在材料中出现了，并且都可以表示时间，回答 Когда 的问题，但是，До воскресенья 在本材料中表示"再见"、"周日见"，并不是"在周日前"的意思。所以，本小题选 А。

<u>Вопрос 1</u>: Кто кому сообщает об экскурсии?

    А. Маша Игорю.   В. Миша Игорю.   С. Игорь Маше.

<u>Вопрос 2</u>: Сколько человек будет на экскурсии?

    А. Только Игорь и Маша.   В. Их весь класс.   С. Только Маша одна.

<u>Диалог</u>:   — Это Игорь? Здравствуй!

        — Привет, Маша.

        — Знаешь, во вторник в девять утра мы всем классом едем на экскурсию.

        — И куда едем?

        — На выставку новейших компьютеров.

        — Хорошо. К девяти я буду в школе.

通过问题及其选项可以判断出，这是一个有关参观的话题。

从对话的前两句可以知道，第一个说话人是 Маша，第二个说话人是 Игорь，第三句也是 Маша 所说，她说：Знаешь, во вторник в девять утра мы всем классом едем на экскурсию，由此可以判断，这是 Маша 通知 Игорь 有关参观的事宜，所以第一小题选 А。

第二个问题问到"几个人将参加这次参观活动"，对话材料中并没有提出这个问题，也没有这方面的信息，怎么解决这个问题？我们还看第三句"во вторник в девять утра мы всем классом едем на экскурсию"，意思是"周二早上九点，我们全班将去参观"，句中的 всем классом 是第五格形式，表示行为的方式，在这里，它间接地回答了"几个人"的问题，所以，第二小题答案为 В。

<u>Вопрос 1</u>: Когда была поездка за город?

    А. В пятницу.   В. В воскресенье.   С. В субботу.

<u>Вопрос 2</u>: Как ребята отдыхали?

    А. Одни гуляли и собирали ягоды, другие ловили рыбу и плавали.

    В. Одни собирали грибы и ягоды, другие катались на лодке.

    С. Одни ловили рыбу, другие собирали ягоды и грибы.

<u>Вопрос 3</u>: Интересны ли такие поездки для Иры?

    А. Совсем нет.   В. Наверно.   С. Конечно.

<u>Диалог</u>:   — Ира, в воскресенье у нас была замечательная поездка за город.

        — А что вы там делали?

— Кто гулял по лесу, собирал грибы, ягоды, кто ловил рыбу на озере.

— Наверно, устали очень?

— Наоборот, хорошо отдохнули.

— В следующий раз обязательно возьмите меня.

问题 1 比较简单，答案为 B。

解答问题 2 时要注意两个方面：

首先，问题 2 的三个选项是三个完整的长句子，有的同学在 5 秒钟内可能读不完，这时，可以适当挤占问题 1 和问题 2 的阅读时间，另外，阅读时要冷静、沉着，不要慌乱，要迅速准确地抓住问题的"实质"，把每个选项上的所有动词都用笔标出来，这是回答问题的关键，并要注意到，这三个句子都是用"Одни..., другие..."这同一结构来表述的。

其次，集中精力听好对话中的"Кто гулял по лесу, собирал грибы, ягоды, кто ловил рыбу на озере"，注意这个句子的句式是"Кто…, кто..."，与选项中"Одни..., другие..."句式相同，并准确捕捉三个关键字眼"гулял, собирал, ловил"，还要在草纸上作出记录，然后与每个选项中的动词进行比对，可以迅速排除选项 B，选项 A 中多出一个材料中没有的动词"плавали"，也不可选，选项 C 虽然少了一个动词，但符合原文内容，所以，本题答案为 C。

问题 3 没有直接答案，它隐含在材料的最后一句话"В следующий раз обязательно возьмите меня"中，可以看出说话人 Ира 要求对方下次出行时把自己一起带上，说明她对这次出行是感兴趣的，因而，答案选 C。

Вопрос 1: Кто пропустил урок? Какой урок?

    A. Света. Урок по алгебре.

    B. Наташа. Урок по алгебре.

    C. Наташа. Урок по физике.

Вопрос 2: Какие упражнения есть у них?

    A. Первые два.   B. Последние два.   C. Средние два.

Диалог: — Алло! Наташа? Добрый вечер.

    —Добрый вечер. Кто говорит?

    —Света. Сегодня я не была на уроке. Скажи, пожалуйста, домашнее задание по алгебре.

    —Упражнения первое и второе.

    —Спасибо.

阅读过第一个问题和选项，有的同学立即作了如下推理：B、C 选项都有 Наташа，所以，本小题要选 B、C 当中的一个，而 A、B 两个选项中都有 Урок по алгебре，所以，要选 A、B 当中的一个，因此，本题的答案是 B。这种只考虑命题人的心理，而不考虑试题材料的具体内容的做法，是一种投机取巧的行为，是靠不住的。事实上，从对话的第三句上可以看出，没有去上课的是 Света，所以答案为 A。

第二小题问的是：他们的作业是开始的两个题、最后的两个题还是中间的两个题。但材料中，既没有出现 первые，也没有出现 последние 和 средние，但是，材料中用"упражнения первое и второе"这样一个词组，通过序数词，说明作业是最初的两道题，所以，第二小题也选 A。

这个题巧就巧在，在提问时，命题人转换了文中的叙述方式。

<u>Вопрос</u>: Нравится ли выставка этому посетителю?

    A. Нравится.   B. Не нравится.   C. Не нравится и не надоедает.

<u>Диалог</u>: —Скажите, пожалуйста, здесь на выставке всегда так много народу?

    —Да, здесь всегда много народу. Вот сегодня, как только начала работать выставка, в зале сразу появился так много людей.

    —Да, выставка так интересна и вызывает у нас большой интерес.

    —Значит, вам нравится эта выставка?

    —Ещё бы.

不难听出，这段对话是一个参观者与展览会的一个工作人员进行的对话。命题人所设置的问题，对话中的工作人员也同样提了出来：Значит, вам нравится эта выставка? 但是，参观者没有用"喜欢"还是"不喜欢"直白地回答，而是用 ещё бы 表达自己对展览会更加肯定的看法和感受。所以，在本题中，ещё бы 就成了关键性的词语，这是在中学俄语课本上出现过的一个口语用法，相当于 конечно，而很多学生并未真正掌握它的含义，所以，选择起来很费力。退一步讲，就是不清楚 ещё бы 的含义，我们从参观者的第二句对话"Да, выставка так интересна и вызывает у нас большой интерес"中，也可以间接了解参观者对本次展览的情感态度是美好的，特别是 вызывает у нас большой интерес 中的 у нас，这句话也就回答了自己"喜欢不喜欢"的问题。所以答案选 A。

<u>Вопрос 1</u>: Сколько комнат в новом доме Алёши?

    A. 3.   B. 2.   C. 5.

<u>Вопрос 2</u>: Это какой дом?

    A. Это двухэтажный дом.

    B. Это трехэтажный дом.

    C. Это пятиэтажный дом.

<u>Диалог</u>: —Алёша, вы переезжаете на новую квартиру?

    —Нет. В новый дом. Я живу в деревне.

    —А сколько в нём комнат?

    —Пять. Три комнаты внизу и две наверху.

这个对话听起来并不难，只有短短的四句话、26 个字，两问两答。可是，这么短的材料却设了两个小题，密度非常大，稍不小心，很容易在仓促之间听错、选错。更让人感到匆忙的是，这个试题的两个问题还都集中设置在最后的一句话上：Пять. Три комнаты внизу и две наверху. 这就需要我们精力绝对集中"善待"该题。第一个问题的答案是 C，很直接，无需费口舌；第二个问题没有直接答案，需要我们思维和判断，他家是栋新楼，共五间，两间在上、三间在下，显然，这是一个两层小楼。答案选 A。

<u>Вопрос 1</u>: Где проходит этот разговор?

    A. В кабинете.   B. В библиотеке.   C. В книжном магазине.

<u>Вопрос 2:</u> Какой словарь хочет купить этот человек?

    A. Большой английско-русский словарь.

    B. Студенческий английско-русский словарь.

    C. Маленький английско-русский словарь.

<u>Вопрос 3:</u> Когда можно будет купить студенческий словарь?

    A. Через 14 дней.   B. Через три недели   C. Через неделю

<u>Диалог:</u> —Девушка, у вас есть английско-русский словарь?

    —Вам какой, большой или маленький?

    —Покажите студенческий, если есть.

    —Студенческого нет.

    —Когда можно будет купить его?

    —Через две недели.

这个题目的有声材料只有 28 个字，而问题的用词却高达 50 多个，这么短的材料设了三个小题，其密度之大，也是可想而知的。碰到这样的题不要怕，首先，这样题的有声部分一般不是很难，只要注意听都能听得懂；其次，事先预读所有问题和选项，找到题眼儿，掌握问题的关键所在，相当重要。

纵观三个问题及其全部选项，我们不难预测这个材料的话题可能与在书店购书有关。听完整个材料后，也验证了我们的预测是正确的。三个小题分别选 C、B、A。

<u>Вопрос:</u> Почему они едут медленно?

    A. На улице везде снег.

    B. На улице везде люди.

    C. У них много свободного времени.

<u>Текст:</u> Сегодня первый день зимы, идёт первый снег. На улице светло. Максим садится в машину, а Люся садится рядом с ним. И они медленно едут через весь город в аэропорт. Они не спешат, у них много свободного времени.

读完问题和选项，我们基本可以确定这是一个过程题，对行为的原因这一细节进行提问和设置选项。从所给的选项来看，似乎它们都是行车慢的可能原因，三个选项具有很大的并行性和迷惑性。其实，这段材料不仅短小，而且涉及的单词常用，听明白它可以说没有任何障碍，在材料的前面尽管出现了选项 A、B 所述的内容，但是，它们只是陈述事实，属于铺叙的内容，并不是行车慢的原因，问题的答案在下面这部分内容中：...они медленно едут через весь город в аэропорт. Они не спешат, у них много свободного времени。因而，答案选 C。

<u>Вопрос 1:</u> Где живёт автор?

    A. В городе.   B. В деревне.   C. В институте.

<u>Вопрос 2:</u> Кем работает автор?

    A. Учителем.   B. Учительницей.   C. Математиком.

<u>Текст:</u> Год назад я окончила институт. Теперь работаю в средней школе. Учу ребят математике. Ребята любят меня и математику. На уроках внимательно слушают меня, дома аккуратно делают домашние задания. Я живу в небольшой, но чистой

квартире. Направо большая река, налево фруктовый сад. Я очень люблю работу учителя и жизнь в деревне.

这是一小段独白，问题和选项都比较简短、明了。

第一个问题的答案，在独白的末尾直接给了出来：Я очень люблю работу учителя и жизнь в деревне. 还有，文中的"Я живу в небольшой, но чистой квартире. Направо большая река, налево фруктовый сад"这句话，也告诉我们这是一个农村的生活环境，所以，第一题选 B。

第二小题就相对麻烦很多，我们可以直接把选项 C 排除掉，但是，要判断这个作者到底是男教师还是女教师，很多学生可能是无从下手，因为，这段独白自始至终都没有涉及作者是男是女的只言片语，但是，命题人仍然设置了这么一个问题，秘密在哪里呢？这里提醒大家，注意独白的第一句话"Год назад я окончила институт"，句中动词 окончила 用的是过去时阴性形式，说明作者是女性身份，所以答案选 B。由此看出，俄语是非常"细腻"的一门语言，一个字母、一个词尾都可能包含着你所需要的重要信息，因此，我们需要培养自己细心、严谨的学习作风，并且，要学会用俄语思维，不要仅满足于翻译着懂、理解着顺当，只关注句子的含义，忽视单词的语法形式或句子的语法结构，非常容易漏掉俄语表达的信息细节。

Вопрос: Кто стал строителем?

    A. Ваня.   B. Вася.   C. Я.

Текст: Когда мне было 16 лет, у меня совсем не было профессии, но тогда я ещё думал, кем быть. Мне нравился дядя Ваня. Он был интересный человек, строил электростанции. Он рассказывал мне, как живут и работают строители, и я решил стать строителем. А мой хороший друг Вася решил стать лётчиком. Мы были вместе в кинотеатре и смотрели новый фильм о лётчиках. Хорошо сказал один лётчик: «Защищать небо от врагов — это наш долг». Но потом, когда мы окончили институт, Вася стал строителем, а я — лётчиком.

这是一个确认题。

在这段材料中，并没有什么难听、难懂的地方，但是，不少学生选择了 C 作为正确答案。他们之所以这样做，是因为"浅尝辄止"，没有认真听完整个对话内容，尤其忽略了材料的最后一句，他们被前面的大片文字所迷惑，其实，真正管用的就是最后一句话 Но потом, когда мы окончили институт, Вася стал строителем, а я — лётчиком. 这句话告诉我们，最后当了一名建设者的是 Вася。前面只是说"Я"想做一名建设者。所以，凡是有转折词 но 的句子都要重点听，它往往与前面陈述的内容不一致，容易被忽略。本题正确答案是 B。

另外，在听短文时，还要注意区分作者的话和故事情节中人物的话。如果把人物的话当成了作者的话，就有可能把故事情节中人物的观点误认为是作者的观点，导致理解上的背谬。例如：这段材料中《Защищать небо от врагов — это наш долг》就是情节中一个人物的话，而非作者的话语。

Вопрос 1: Сколько человек в этой семье?

    A. 2.   B. 4.   C. 5.

Вопрос 2: Как имя у дедушки Тани по матери?

    A. Иван.   B. Алексей.   C. Павел.

Текст: Таня очень любила, когда были дома все — мама, папа и она. И ещё собака Борис. Папа Тани, Павел Иванович, был врачом, а мама, Нина Алексеевна, была геологом. Она работала в университете и летом ездила со студентами в Сибирь искать нефть и уголь.

读过问题 1 的三个选项，我们可以作如下预测，材料中有可能直接给出这个家庭的人数，也可能先后介绍每个家庭成员，要你逐一统计，最后形成答案。文中明确告知，这一家有мама，папа 和 она（Таня）三口人，而第一小题却只给出 2 人、4 人、5 人这三个可选项，与材料内容根本不符，似乎都不正确。与中国人的文化习俗不同的是，在俄罗斯，人们往往把自己家喂养的猫、狗等动物也看作家庭成员，因此，选项 B 是本小题的可能答案。

第二个小题问的是：达尼亚外祖父的名字是什么？有声材料中，根本没有出现达尼亚的外祖父这一人物角色，怎么答题呢？了解俄罗斯人名特点的人都知道，在 19 世纪以前，大多数俄国人只有名字（имя），所以重名的人非常多，给日常交际和工作带来很多不便。为了区分，记载时就在名字后面注上是谁的儿子或女儿，经过长期的演变，这种形式就形成了现在的父称（отчество）。但是，随着人口的增长，家族的扩大等，这样做仍不能从根本上解决问题，重名现象仍频频出现，于是，人们便在父称后面加上绰号或职业名称以示区别，这就演变成了现在的姓氏（фамилия）。因此，俄罗斯人的全名（целое имя）由三部分构成：名字＋父称＋姓。显然，父称是由父亲的名字加上固定的构词词尾演变而来。从文中 мама，Нина Алексеевна，была геологом 这句话可以看出，妈妈的父称是 Алексеевна，而 Алексеевна 是由 Алексей 这个男人名加上父称的固定词尾变化而来，所以，达尼亚外祖父的名字是 Алексей，答案选 B。如果把这个题改一下，问"达尼亚爷爷的名字是什么？"该选哪个选项呢？显然选 A。

上面这两个小题都是针对本段文字材料，由本段材料牵带而出的，但是，所考查的内容却并不涉及材料本身，它考查的是蕴含在文字背后的俄罗斯民族的文化风情，换句话说，它的考察内容"不在题内，而在题外"，属于国情题。

Вопрос 1: Где находится Дом-музей Толстого?

   A. На Красной площади.

   B. Недалеко от Москвы.

   C. На одной из красивых улиц Москвы.

Вопрос 2: Изменилось ли что-нибудь в доме Толстого?

   A. Да, всё изменилось.

   B. Нет, всё осталось также, как было раньше.

   C. Изменилось, но немного.

Вопрос 3: Сколько было у Толстого детей?

   A. Шесть детей.   B. Восемь детей.   C. Девять детей.

Вопрос 4: Кто быстрее всех бегал на коньках?

   A. Толстой.   B. Дети Толстого.   C. Друзья Толстого.

Текст: На одной из красивых улиц Москвы стоит деревянный дом. К нему всё время идут люди. Это Дом-музей. Раньше здесь жил великий писатель Лев Толстой.

В доме Толстого и сейчас всё осталось так же, как было раньше.

У Толстого была большая семья. У него было 8 детей.

Толстой любил спорт. Он быстро бегал на коньках. Его дети тоже любили кататься, но никто не мог так быстро бегать, как Толстой.

这是 2001 年高考听力测试题的最后一题。

预读完问题和选项，我们可以清楚地感到，这是一篇与伟大的俄罗斯作家 Толстой 以及他的故居有关的短文，对这个内容，考生不很陌生，高中俄语教材上我们学过一些这方面的文章，稍微对这些内容还有记忆的同学，甚至不用听这篇短文，都可以轻松完成这几个问题的选答。答案分别为 С、В、В、А。

但是，从这个题上我们可以得到一些启示，对涉及俄罗斯名人、名家的故事我们应该多加关注。推而广之，日常学习中，我们还应该特别关注俄罗斯的历史事件、地理常识、民风民俗、中俄交往大事等，努力拓宽知识视野，提高俄语综合素质。

<u>Вопрос 1</u>: Когда Антон получил письмо от родителей?

    А. Месяц назад.   В. Две недели назад.   С. Неделю назад.

<u>Вопрос 2</u>: Почему он не сразу ответил на письмо?

    А. Он был занят.

    В. Он не хотел отвечать.

    С. Он поздно получил письмо.

<u>Вопрос 3</u>: Как Антон узнал, что на праздник в Санкт-Петербург приехало много гостей?

    А. Он читал об этом в газетах.

    В. Он видел передачу по телевизору.

    С. Он ездил в Петербург на праздник.

<u>Вопрос 4</u>: В каком году Санкт-Петербургу исполнилось 300 лет?

    А. В 2001 году.   В. В 2002 году.   С. В 2003 году.

<u>Текст</u>:   Здравствуйте, мама и папа!

    Ваше письмо получил неделю назад, но не смог сразу ответить, потому что у нас были экзамены. Я всё сдал и был очень рад, что решил все задачи по математике. Теперь мне нравится заниматься математикой.

    Завтра начнутся каникулы. Я собираюсь поехать в Санкт-Петербург к моему другу Андрею. Он давно зовёт меня в гости. Я ещё не был в Санкт-Петербурге, но давно мечтаю там побывать.

    В прошлом году городу исполнилось 300 лет. На праздник приехало много иностранных гостей. Я смотрел передачу об этом по телевизору.

    Санкт-Петербург — прекрасный город. Я так рад, что увижу его своими глазами!

    Ваш сын Антон

    06. 01. 2004 года

这是 2004 年高考听力测试题的最后一题。预读完所有问题及选项之后，我们应该注意到，在前两个问题中名词"письмо"出现两次，在后两个问题中名词"Санкт-Петербург"也出现两次，由此我们可以预测，这段听力材料可能是一封信，并且信中一定会涉及到俄罗斯的著名

城市 Санкт-Петербург。此时，我们回忆一下，信的书写结构，比如：称呼、正文、落款、写信日期等，还可以回想一下，你所了解的 Санкт-Петербург 的有关知识等。

听过材料的第一个句子 "Здравствуйте, мама и папа!" 之后，我们就可以知道，这个听力材料果然是一封信，并且是一个孩子写给自己的父母的。听完第一遍之后，我们知道这个材料篇幅很长（多达 105 个字），里面包含的信息量较大，细节性的东西较多等，考生可能会产生一定的畏难情绪，动摇自信心等。其实，听过第一遍之后，我们可以快速在脑海里分析一下，这封信虽然长，但它谈到的问题不过两个方面：

一是自己的考试和学习情况 "...у нас были экзамены. Я всё сдал и ... решил все задачи по математике. Теперь мне нравится заниматься математикой."

二 是 自 己 的 假 期 打 算 "Завтра начнутся каникулы. Я собираюсь поехать в Санкт-Петербург к моему другу Андрею. Он давно зовёт меня в гости. Я ещё не был в Санкт-Петербурге, но давно мечтаю там побывать."。

最前面的三个问题在材料中都有直接答案，限于篇幅，不再赘述，答案分别为 C、A、B。

最后一个小题，问的是 "В каком году Санкт-Петербургу исполнилось 300 лет?" 但是，这封信里只提到 "В прошлом году городу исполнилось 300 лет." 去年是哪一年？信中没说！我们可以推想，今年是哪一年？在信的末尾，对写信的日期作了交待："06. 01. 2004 года"，这说明，去年是 2003 年，因此本题答案选 C。

还有，作为一名高三毕业生，应该善于发现问题、提出问题，具备基本的设问命题的能力，只有自己会出题，也才能培养自己对材料的感知能力、对文中关键之处的捕捉能力以及严密的逻辑分析能力等，也才能更好地解答问题。比如，针对这封信，我们还可以从其他的角度设置更多的问题：

А. Раньше Антон любил математику?

Б. Какие каникулы скоро начнутся?

В. Какого числа начнутся каникулы?

Г. Почему Антон хочет поехать в город Санкт-Петербург?

Д. Антон ездил в Санкт-Петербург?

Е. В каком году родился город Санкт-Петербург?

Ё. Когда Антон написал это письмо? Шестого января или первого июня?

其中，А、Б、В、Д、Е 这几个问题都隐含在材料的背后，没有直接答案，同学们也思考一下吧。

Вопрос 1: Почему Петя Пичугин ходил в школу через реку?

        А. Он любил красивые места.

        В. Он любил плавать в реке.

        С. Он любил ходить коротким путём.

Вопрос 2: Почему переходить через реку было трудно?

        А. Река была широкая.

        В. У реки были высокие берега.

        С. Вода в реке была холодная.

Вопрос 3: Зачем Петя начал рубить дерево?

        А. Дерево мешало переходить через реку.

В. Дерево было уже старое и могло упасть на людей.

С. Петя решил положить дерево через реку вместо моста.

Вопрос 4: Какое название дали потом настоящему мосту?

А. Люди решили оставить старое название.

В. Ему дали новое название «Пичугин мост».

С. Настоящий мост назвали «Пионерский мост».

Текст: Как все ребята, Петя Пичугин любил ходить в школу короткой дорогой через реку. Река была неширокая, но берега были высокие и переходить было трудно. Решил Петя Пичугин положить дерево с одного берега на другой, вместо моста.

Начал он рубить старое дерево, которое росло на самом берегу. Рубил долго, только на второй день дерево упало, и легло через реку.

Теперь не только ребята, но и взрослые, начали ходить короткой дорогой. И стали мост называть фамилией Пети «Пичугин мост». Потом настоящий мост построили. Такому можно было дать новое название, но его всё-таки называют «Пичугин мост».

这是 2003 年高考听力测试题的最后一题。在这篇文字材料中，有一些令考生很头疼的地方，比如：

Петя Пичугин любил ходить в школу короткой дорогой через реку 这一句中，короткой дорогой 是第五格形式，表示行为发生的地点和方式，很多考生听不懂或者一下子领会不了它的真正意思；

在 Решил Петя Пичугин положить дерево с одного берега на другой, вместо моста 这一句中，вместо моста 虽然都是很熟的词，但也让人很难一下子听懂；

在 Начал он рубить старое дерево, которое росло на самом берегу 这一句中，动词 рубить 在中学俄语教学中不是一个积极词汇，很多学生没有听懂这个词，на самом берегу 中的 самый 的意义和用法，很多学生没有掌握等。

以上这几处问题客观存在，确实影响考生对整个课文的理解，但是，这是不是不可逾越的鸿沟呢？在考场上考生就没有办法解决这些问题吗？

事实上，在听材料之前，我们就已经把所有问题和选项预读了一遍，考生完全可以结合印在试卷上的问题和选项的文字材料，帮助自己正确理解材料里的一些词汇意义和文章的整体内容。

比如问题 1 的选项 C "Он любил ходить коротким путём" 中就涉及到名词第五格的用法。在这里，коротким путём = короткой дорогой。

问题 3 问 Зачем Петя начал рубить дерево? 句子中出现了动词 рубить，这里看懂了，听的时候也就可以听懂了。所以说，考生应该充分利用问题及其选项里的文字信息，化解有声材料里的难懂之处。有些地方万一弄不懂，也不要过于计较，事实上它未必影响答题，比如有的考生听不出来 вместо моста，那就忽略它。

另外，本段短文中还出现了几个变化特殊的动词：росло (расти)、упало (упасть)、легло (лечь) 等，这都在某种程度上，影响了一些考生的思辨速度和答题质量，这些问题的存在也恰恰说明了我们考生平时学习上存在的漏洞和不足，也间接告诉考生同学，平时的学习要优先发展基本功。

本题答案分别是：C、B、C、A。

通过上面的实例分析，我们不难看出，俄语听力测试的问题各种各样、千差万别，命题人在设置问题及其选项时，可以说综合考虑了各种材料的因素、试卷的因素、考生和考试的因素等，其命题的思路、出发点和考查的侧重点都是因势而动、颇富变化，考生必须具有丰富、坚实的知识底蕴，才能灵活应变，严谨思考，正确处理，快速做答。我们可以用一个公式来描述一下影响听力成绩的几个因素之间的关系：

"良好的听力水平（成绩）＝正确的辨音能力 ＋ 规范的读说能力 ＋ 准确的理解能力 ＋ 娴熟的答题技巧"。

如果俄罗斯人做我们的听力试题，可以说是轻而易举，易如反掌，主要是因为他们太熟，而我们仅仅是"懂"，他们凭借良好的"语言惯性"，"无需思维"就可以直接进入语言材料，而我们才刚刚形成俄罗斯的"语言意识"，还没有形成俄语的"语言习惯"，是颇费周折的"间接进入"，对我们来说，听的过程，往往就是一个思考的过程，或者说是一个心译的过程，所以，反应慢，进入慢、理解慢，影响了答题的速度和质量。要根本扭转这一局面，只有一个字，那就是"练"！

外语是一门实践课，听是外语学习的一项重要实践技能，听力水平的提高，归根结底依赖于在实践中的反复操练，操练得越多、越熟，听力水平就越高，测试成绩就越好。

下面一章内容，我们为读者朋友提供了大量的高考听力模拟试卷，目的就是让同学们通过大量训练，掌握听力技巧，提高听力水平。在下面这个训练环节中，每一个有心人，都应该研究、总结和归纳自己对听力测试的感受和体会，经验和方法，形成自己的答题策略，才能更好地适应高考的要求，争取更大的进步。

第三章 高考俄语听力测试综合训练

 高考听力训练（一）

本部分分两节，共 20 小题，每小题 1.5 分，共 30 分。做题时，先将答案标在试卷上。录音内容结束后，你将有两分钟的时间将试卷上的答案转写到答题纸上。

第一节：（共 5 个小题，每小题 1.5 分，满分 7.5 分）

听下面 5 段对话。每段对话后有一个小题，从题中所给的 3 个选项中选出最佳选项。听完每段对话后，你都有 10 秒钟的时间来回答有关小题并阅读下一小题。每段对话读一遍。

1. Кому Лена часто помогает?

   A. Антону.   B. Соседке.   C. Андрею.

2. Когда начинается фильм?

   A. В семь.   B. В восемь.   C. В семь пятнадцать.

3. Куда едет старушка?

   A. На вокзал.   B. На остановку.   C. На почту.

4. Как проехать на вокзал?

   A. На троллейбусе.   B. На метро.   C. На автобусе.

5. Какой у них коллектив?

   A. У них дружный коллектив.

   B. У них трудный коллектив.

   C. У них маленький коллектив.

第二节：（共 15 小题，每小题 1.5 分，满分 22.5 分）

听下面 5 段对话或独白。每段对话或独白后有几个小题，从题中所给的三个选项中选出最佳选项。听每段对话或独白前，你有时间阅读各个小题，每小题 5 秒钟。听完后，各小题给出 5 秒钟的作答时间。每段对话或独白读两遍。

听第 6 段材料，回答第 6、7 题。

6. Кто звонит Наташе?

   A. Инна.   B. Анна.   C. Нина.

7. Когда она хочет прийти к Наташе?

   A. Днём.   B. Вечером.   C. Утром.

听第 7 段材料，回答第 8、9 题。

8. С кем Катя встретится завтра?

   A. С Юрой.   B. С Вовой.   C. С Ваней.

9. Когда у них встреча?

　　A. Завтра около шести часов.

　　B. Завтра в пять часов.

　　C. Завтра в семь часов.

听第 8 段材料，回答第 10 ～ 12 题。

10. Что хочет купить этот покупатель?

　　A. Брюки.　　　　　　　B. Пальто.　　　　　　　C. Рубашку.

11. Сколько стоит это пальто?

　　A. 160 юаней.　　　　　B. 160 рублей.　　　　　C. 170 юаней.

12. Кому надо платить за покупку?

　　A. Кассе.　　　　　　　B. В кассу.　　　　　　　C. Продавцу.

听第 9 段材料，回答第 13 ～ 16 题。

13. Что понравилось Антону в школе?

　　A. Спортивная площадка.

　　B. Уроки физкультуры.

　　C. Широкие коридоры, светлые классы.

14. На какой выставке был Антон?

　　A. На выставке рисунков.　　B. На выставке цветов.　　C. На выставке книг.

15. Почему Антон не видел компьютерного класса?

　　A. Потому что в школе нет компьютерного класса.

　　B. Потому что ему не показали.

　　C. Потому что там шёл урок.

16. Чем занимаются ребята на уроках физкультуры?

　　A. Футболом.　　　　　　B. Танцами.　　　　　　C. Волейболом.

听第 10 段材料，回答第 17 ～ 20 题。

17. Откуда приехал Володя?

　　A. Из Киева.　　　　　　B. Из Харбина.　　　　　C. Из Санкт-Петербурга.

18. Сколько времени Володя учится в университете?

　　A. 2 месяца.　　　　　　B. 2 недели.　　　　　　C. 2 года.

19. Какие оценки часто получает Володя?

　　A. 4.　　　　　　　　　　B. 5.　　　　　　　　　　C. 3.

20. Что Володя больше всего любит?

　　A. Гулять в парке.

B. Смотреть футбол на стадионе.

C. Слушать магнитофон.

【参考答案】

1-5: CCABA   **6-10:** CBCAB   **11-15:** ACCAB   **16-20:** CCABB

 高考听力训练（二）

本部分分两节，共 20 小题，每小题 1.5 分，共 30 分。做题时，先将答案标在试卷上。录音内容结束后，你将有两分钟的时间将试卷上的答案转写到答题纸上。

第一节：（共 5 个小题，每小题 1.5 分，满分 7.5 分）
听下面 5 段对话。每段对话后有一个小题，从题中所给的 3 个选项中选出最佳选项。听完每段对话后，你都有 10 秒钟的时间来回答有关小题并阅读下一小题。每段对话读一遍。

1. Во что хорошо играет Алёша?

   A. В футбол.   B. В волейбол.   C. В баскетбол.

2. Как ехать отсюда в центр?

   A. На автобусе.   B. На метро.   C. На троллейбусе.

3. Когда Николай поедет в город?

   A. Позавчера.   B. Послезавтра.   C. Завтра.

4. Почему Анна Петровна устала?

   A. Она долго читала вечером.

   B. Она плохо спала ночью.

   C. Она много работала и спала очень мало.

5. Где работает мама Максима?

   A. В школе.   B. На почте.   C. В магазине.

第二节：（共 15 小题，每小题 1.5 分，满分 22.5 分）
听下面 5 段对话或独白。每段对话或独白后有几个小题，从题中所给的三个选项中选出最佳选项。听每段对话或独白前，你有时间阅读各个小题，每小题 5 秒钟。听完后，各小题给出 5 秒钟的作答时间。每段对话或独白读两遍。

听第 6 段材料，回答第 6、7 题。

6. У кого в гостях была Нина?

   A. У брата.   B. У бабушки.   C. У сестры.

7. Как долго Нина была в Пекине?

    A. Целый месяц.   B. Целый год.   C. Полгода.

听第 7 段材料，回答第 8、9 题。

8. Куда хочет пойти студент?

    A. В учебное здание.   B. В библиотеку.   C. В читальный зал.

9. Какие книги ему нужны?

    A. Книги по иностранной литературе.

    B. Книги по иностранному искусству.

    C. Книги по иностранной технике.

听第 8 段材料，回答第 10 ~ 12 题。

10. На чём можно доехать до музея?

    A. На 46-м троллейбусе.

    B. На автобусе.

    C. На троллейбусе или на метро.

11. Почему человек не хочет ехать на метро?

    A. Потому что на метро ехать долго.

    B. Он хочет посмотреть западный район этого города.

    C. Потому что на троллейбусе ехать быстрее.

12. Где находится остановка троллейбуса?

    A. Около библиотеки.   B. Около музея.   C. У парка.

听第 9 段材料，回答第 13 ~ 16 题。

13. Во что Галя любит играть?

    A. В футбол.   B. В баскетбол.   C. В волейбол.

14. В какой команде играет Галя?

    A. В школьной команде.

    B. В городской команде.

    C. В команде Китая.

15. Какое место они заняли на городских соревнованиях?

    A. Первое место.   B. Второе место.   C. Третье место.

16. Как зовут друга Гали?

    A. Вадим.   B. Павел.   C. Лёша.

听第 10 段材料，回答第 17 ～ 20 题。

17. Где работают и живут родители Олега?

    A. В школе.   B. В деревне.   C. В городе.

18. Что не нравится Олегу в городе?

    A. Его родивенники.   B. Его квартира.   C. То, что все шумят.

19. Какая комната у Олега в деревне?

    A. Небольшая, но уютная.   B. Большая и светлая.   C. Большая и чистая.

20. Почему Олег любит жить в деревне?

    A. Потому что в деревне есть лес.

    B. Потому что в деревне тихо и спокойно.

    C. Здесь воздух свежий, в лесу тихо и хорошо.

【参考答案】

1-5: CABCA   **6-10:** CABAC   **11-15:** BACAA   **16-20:** BCCAC

 高考听力训练（三）

本部分分两节，共 20 小题，每小题 1.5 分，共 30 分。做题时，先将答案标在试卷上。录音内容结束后，你将有两分钟的时间将试卷上的答案转写到答题纸上。

第一节：（共 5 个小题，每小题 1.5 分，满分 7.5 分）
听下面 5 段对话。每段对话后有一个小题，从题中所给的 3 个选项中选出最佳选项。听完每段对话后，你都有 10 秒钟的时间来回答有关小题并阅读下一小题。每段对话读一遍。

1. Когда вернётся Зина?

    A. В час.   B. Через час.   C. Сейчас.

2. Когда Света с братом были в зоопарке?

    A. В воскресенье.   B. В понедельник.   C. В субботу.

3. Когда Олег написал письмо отцу?

    A. Утром.   B. Сегодня.   C. Вечером.

4. Когда друзья собрались посмотреть телевизор?

    A. Вечером.   B. Днём.   C. Утром.

5. Что собираются делать ребята в свободное время?

    A. Кататься на коньках.   B. Танцевать.   C. Играть на компьютере.

第二节：（共 15 小题，每小题 1.5 分，满分 22.5 分）

听下面 5 段对话或独白。每段对话或独白后有几个小题，从题中所给的三个选项中选出最佳选项。听每段对话或独白前，你有时间阅读各个小题，每小题 5 秒钟。听完后，各小题给出 5 秒钟的作答时间。每段对话或独白读两遍。

听第 6 段材料，回答第 6、7 题。

6. Что болит у больного?

    A. Горло.   B. Голова.   C. Горло и голова.

7. Когда больной должен прийти к врачу снова?

    A. Завтра.   B. Сегодня.   C. Послезавтра.

听第 7 段材料，回答第 8、9 题。

8. Что мужчина хочет подарить своей дочери?

    A. Букет.   B. Юбку.   C. Книгу.

9. Где происходит этот разговор?

    A. В магазине одежды.

    B. В спортивном магазине.

    C. В книжном магазине.

听第 8 段材料，回答第 10 ~ 12 题。

10. Какая просьба к дежурной у мужчины?

    A. Ему нужно погладить брюки.

    B. Ему нужно почистить туфли.

    C. Ему нужно погладить рубашку и почистить костюм.

11. Когда мужчина уезжает на собрание?

    A. В шесть часов тридцать минут.

    B. В пять часов с половиной.

    C. В семь часов.

12. Где мужчина оставит ключ?

    A. У дежурной.   B. В своей комнате.   C. Возьмёт с собой.

听第 9 段材料，回答第 13 ~ 16 题。

13. Куда человек звонит?

    A. В деревню.   B. В магазин.   C. В школу.

14. Кого он попросил к телефону?

    A. Продавца.   B. Секретаря.   C. Директора.

15. Кто такой Петров?

    A. Продавец.   B. Директор магазина.   C. Секретарь.

16. Что просят передать?

A. Завтра продукты не привезут.

B. Завтра этот человек не приедет.

C. Завтра никто не приедет.

听第 10 段材料，回答第 17 ~ 20 题。

17. Кто такой Вовка?

A. Он ученик.　　　　　　　B. Он учитель.　　　　　　　C. Он студент.

18. Что делает Вовка на каникулах?

A. Учит другого мальчика читать.

B. Сидит дома.

C. Помогает маме по дому.

19. Что они читали?

A. Рассказы о спорте.

B. Детские рассказы.

C. Детские сказки.

20. Почему учитель поставил Вовке двойку?

A. Потому что он опоздал на урок.

B. Потому что он на уроке разговаривал с девочкой.

C. На уроке он говорил с птицей и не смог ответить на вопрос учителя.

【参考答案】

1-5: BACAB　　　　　　**6-10: CCBAC**　　　　　　**11-15: BABCB**　　　　　　**16-20: AAABC**

 高考听力训练（四）

本部分分两节，共 20 小题，每小题 1.5 分，共 30 分。做题时，先将答案标在试卷上。录音内容结束后，你将有两分钟的时间将试卷上的答案转写到答题纸上。

第一节：（共 5 个小题，每小题 1.5 分，满分 7.5 分）

听下面 5 段对话。每段对话后有一个小题，从题中所给的 3 个选项中选出最佳选项。听完每段对话后，你都有 10 秒钟的时间来回答有关小题并阅读下一小题。每段对话读一遍。

1. В котором часу собираются обедать люди?

A. В час дня.　　　　　　　B. В одиннадцать часов.　　　　　C. В двенадцать часов.

2. Кто не поедет на экскурсию?

A. Борис.　　　　　　　　B. Вова　　　　　　　　C. Олег.

3. Кому звонит Миша?

    A. Анне.   B. Маше.   C. Наде.

4. Какая завтра будет погода?

    A. Будет хорошая погода.   B. Будет плохая погода.   C. Будет тёплая погода.

5. Что с Аней?

    A. Аня заболела.   B. Аня устала.   C. Аня голодна.

第二节：(共 **15** 小题，每小题 **1.5** 分，满分 **22.5** 分)

听下面 5 段对话或独白。每段对话或独白后有几个小题，从题中所给的三个选项中选出最佳选项。听每段对话或独白前，你有时间阅读各个小题，每小题 5 秒钟。听完后，各小题给出 5 秒钟的作答时间。每段对话或独白读两遍。

听第 6 段材料，回答第 6、7 题。

6. Как живёт Лена?

    A. Она живёт плохо.   B. Она живёт хорошо.   C. Она живёт трудно.

7. Что сейчас Лена делает?

    A. Учится танцевать.   B. Учится рисовать.   C. Учится петь.

听第 7 段材料，回答第 8、9 题。

8. Какая опера идёт завтра в Большом театре?

    A. Пекинская опера.   B. Евгений Онегин.   C. Лебединое озеро.

9. Сколько стоит билет на оперу?

    A. Сто рублей.   B. Пятьдесят рублей.   C. Пятнадцать рублей.

听第 8 段材料，回答第 10 ~ 12 题。

10. У кого сегодня день рождения?

    A. У учительницы.   B. У учителя.   C. У Веры.

11. Где собрались ребята?

    A. На дворе.   B. В школе.   C. Во дворе.

12. Что подарит учителю Оля?

    A. Его портрет.   B. Букет цветов.   C. Открытки.

听第 9 段材料，回答第 13 ~ 16 题。

13. Какие каникулы скоро будут?

    A. Зимние.   B. Весенние.   C. Летние.

14. Куда Игорь поедет на каникулы?

    A. В Москву.   B. В лагерь.   C. В деревню.

15. Где будет отдыхать Олег на каникулах?

    A. В спортивном лагере.

    B. У бабушки и дедушки.

    C. Дома.

16. Где находится спортивный лагерь?

    A. На берегу моря.   B. На берегу озера.   C. На берегу реки.

听第 10 段材料，回答第 17 ~ 20 题。

17. Сколько Вадиму лет?

    A. 12 лет   B. 11 лет.   C. 13 лет.

18. Почему Вадим ходит в математическую школу?

    A. Потому что Вадим любит математику.

    B. Потому что папа Вадима любит математику.

    C. Потому что мама Вадима любит математику.

19. Кто хочет, чтобы Вадим стал чемпионом?

    A. Бабушка   B. Дедушка.   C. Мама.

20. Кем хочет стать сам Вадим?

    A. Он хочет стать художником.

    B. Он хочет стать музыкантом.

    C. Он хочет стать строителем.

【参考答案】

1-5: CBABB   **6-10:** BCCBB   **11-15:** CBCCA   **16-20:** BCBBC

 高考听力训练（五）

本部分分两节，共 20 小题，每小题 1.5 分，共 30 分。做题时，先将答案标在试卷上。录音内容结束后，你将有两分钟的时间将试卷上的答案转写到答题纸上。

第一节：（共 5 个小题，每小题 1.5 分，满分 7.5 分）
听下面 5 段对话。每段对话后有一个小题，从题中所给的 3 个选项中选出最佳选项。听完每段对话后，你都有 10 秒钟的时间来回答有关小题并阅读下一小题。每段对话读一遍。

  1. Где живёт Костя?

    A. Около магазина.   B. Около метро.   C. Около вокзала.

2. Когда родилась Лена?

    A. В 1995-ом году.   B. В 1985-ом году.   C. В 1975-ом году.

3. Что болело у Виктора?

    A. Рука и нога.   B. Живот.   C. Голова.

4. Когда уходит поезд в Пекин?

    A. В 12:15.   B. В 20:15.   C. В 12:05.

5. Какой вид спорта любит учительница?

    A. Кататься на лыжах.

    B. Кататься на лодке.

    C. Кататься на коньках и плавать в реке.

第二节：（共 15 小题，每小题 **1.5** 分，满分 **22.5** 分）

听下面 5 段对话或独白。每段对话或独白后有几个小题，从题中所给的三个选项中选出最佳选项。听每段对话或独白前，你有时间阅读各个小题，每小题 5 秒钟。听完后，各小题给出 5 秒钟的作答时间。每段对话或独白读两遍。

听第 6 段材料，回答第 6、7 题。

6. Что хочет купить человек?

    A. Чай.   B. Часы.   C. костюм.

7. Сколько он заплатит за покупку?

    A. Восемьдесят юаней.   B. Восемьдесят рублей.   C. Семьдесят юаней.

听第 7 段材料，回答第 8、9 题。

8. Какой транспорт любит Олег?

    A. Троллейбус.   B. Трамвай.   C. Метро.

9. Сколько часов метро работает в сутки?

    A. 15 часов.   B. 16 часов.   C. 17 часов.

听第 8 段材料，回答第 10 ~ 12 题。

10. Какое место в районе заняла эта школьная команда?

    A. Первое.   B. Второе.   C. Третье.

11. Во что хорошо играет Саша?

    A. В футбол.   B. В волейбол.   C. В баскетбол.

12. В каком матче ещё будет участвовать эта команда?

    A. В школьном матче.

    B. В городском матче.

    C. В районом матче.

听第9段材料，回答第13～16题。

13. К кому Лена пришла?

    А. К Коле.   В. К Наташе.   С. К Наде.

14. Где сейчас родители Нади?

    А. Они за городом.

    В. Они уехали в гости.

    С. Они живут у родственников.

15. Сколько сыновей у дедушки Нади?

    А. 3.   В. 4.   С. 5.

16. На кого похожи дяди Нади?

    А. Они похожи на бабушку.

    В. Они похожи на дедушку.

    С. Они похожи друг на друга.

听第10段材料，回答第17～20题。

17. Где друзья были однажды летом?

    А. За городом.   В. В деревне.   С. В парке.

18. Где они позавтракали?

    А. Дома.   В. В небольшом кафе.   С. В ресторане.

19. Что они взяли на завтрак?

    А. Кофе.

    В. Бутерброды и чай.

    С. Бутерброды с колбасой, чай и кофе.

20. Что они делали в лесу?

    А. Собирали грибы.

    В. Собирали цветы.

    С. Гуляли и играли в шахматы.

【参考答案】

1-5: CCBBC   **6-10:** BACBA   **11-15:** CBCAA   **16-20:** CABCC

高考听力训练（六）

本部分分两节，共 20 小题，每小题 1.5 分，共 30 分。做题时，先将答案标在试卷上。录音内容结束后，你将有两分钟的时间将试卷上的答案转写到答题纸上。

第一节：（共 5 个小题，每小题 1.5 分，满分 7.5 分）

听下面 5 段对话。每段对话后有一个小题，从题中所给的 3 个选项中选出最佳选项。听完每段对话后，你都有 10 秒钟的时间来回答有关小题并阅读下一小题。每段对话读一遍。

1. Как дела у Андрея?

    А. Нехорошо.   В. Плохо.   С. Нормально.

2. Куда Саша ходил в субботу?

    А. На реку.   В. В лес.   С. В деревню.

3. Куда ушёл Вова?

    А. В читальный зал.   В. В школу.   С. В музей.

4. Кем Юра станет, когда закончит школу?

    А. Инженером.   В. Лётчиком.   С. Космонавтом.

5. Когда Антон начал ходить в школу?

    А. Когда ему было 7 лет.

    В. В 1983-ом году.

    С. Когда ему было 6 лет.

第二节：（共 15 小题，每小题 1.5 分，满分 22.5 分）

听下面 5 段对话或独白。每段对话或独白后有几个小题，从题中所给的三个选项中选出最佳选项。听每段对话或独白前，你有时间阅读各个小题，每小题 5 秒钟。听完后，各小题给出 5 秒钟的作答时间。每段对话或独白读两遍。

听第 6 段材料，回答第 6、7 题。

6. Когда обычно встаёт Нина?

    А. В 7 часов.   В. В 8 часов.   С. В 6 часов.

7. Что Нина ест на завтрак?

    А. Хлеб и суп.   В. Ест хлеб и пьёт молоко.   С. Кашу и мясо.

听第 7 段材料，回答第 8、9 题。

8. Куда идёт Оля?

    А. Она идёт на почту.

    В. Она идёт в книжный магазин.

    С. Она идёт в музей.

9. Какую книгу Оля хочет купить?

    A. Книгу по химии.

    B. Книгу по русскому языку.

    C. Книгу по математике.

听第 8 段材料，回答第 10 ～ 12 题。

10. Кто сегодня грустный?

    A. Наташа грустная.   B. Надя грустная.   C. Коля грустный.

11. Как долго Наташа изучает китайский язык?

    A. 2 месяца.   B. Месяц.   C. 2 недели.

12. Какой иностранный язык Коля сейчас изучает?

    A. Китайский язык.   B. Русский язык.   C. Английский язык.

听第 9 段材料，回答第 13 ～ 16 题。

13. Когда Марта приехала в наш город?

    A. Вчера утром.   B. Вчера вечером.   C. Позавчера.

14. Что Олег советует Марте посмотреть в городе?

    A. Исторический музей.

    B. Художественную выставку.

    C. Архитектурные памятники.

15. Кто будет рассказывать Марте о городе?

    A. Олег.   B. Антон.   C. Ваня.

16. На каких языках хорошо говорит Антон?

    A. Только на русском.

    B. На русском и английском.

    C. На русском, немецком и английском.

听第 10 段材料，回答第 17 ～ 20 题。

17. Кому Ли Пин пишет письмо?

    A. Папе.   B. Маме.   C. Родителям.

18. Где Ли Пин сейчас учится?

    A. В Киеве.   B. В Москве.   C. В Минске.

19. Куда Ли Пин поедет на весенние каникулы?

    A. В Москву.   B. В Санкт-Петербург.   C. Домой.

20. Кто из его товарищей приехал из Санкт-Петербурга?

    A. Алёша.   B. Андрей.   C. Антон.

【参考答案】

| 1-5: CCABC | 6-10: ABBCA | 11-15: CCBCB | 16-20: CCBBA |

 高考听力训练（七）

本部分分两节，共 20 小题，每小题 1.5 分，共 30 分。做题时，先将答案标在试卷上。录音内容结束后，你将有两分钟的时间将试卷上的答案转写到答题纸上。

第一节：（共 5 个小题，每小题 1.5 分，满分 7.5 分）

听下面 5 段对话。每段对话后有一个小题，从题中所给的 3 个选项中选出最佳选项。听完每段对话后，你都有 10 秒钟的时间来回答有关小题并阅读下一小题。每段对话读一遍。

1. Кому Зина хочет позвонить?

   A. Олегу.   B. Антону.   C. Андрею.

2. Куда Серёжа приглашает Володю?

   A. В кино.   B. На спектакль.   C. На чай.

3. В каком месяце родился Лёша?

   A. В январе.   B. В сентябре.   C. В октябре.

4. Какая температура у Лены?

   A. 37. 5.   B. 38.5.   C. 39.5.

5. Куда надо ехать этому человеку?

   A. На почту.   B. На завод.   C. В центр города.

第二节：（共 15 小题，每小题 1.5 分，满分 22.5 分）

听下面 5 段对话或独白。每段对话或独白后有几个小题，从题中所给的三个选项中选出最佳选项。听每段对话或独白前，你有时间阅读各个小题，每小题 5 秒钟。听完后，各小题给出 5 秒钟的作答时间。每段对话或独白读两遍。

听第 6 段材料，回答第 6、7 题。

6. Когда Наташа обычно обедает?

   A. В 11: 15.   B. В 12:30.   C. В 13:30.

7. В какой день у Наташи нет уроков после обеда?

   A. Во вторник.   B. В среду.   C. В пятницу.

听第 7 段材料，回答第 8、9 题。

8. Что делает Юра дома?

   A. Слушает музыку.

В. Смотрит телевизор.

С. Играет на компьютере.

9. Куда друзья пойдут плавать?

А. В бассейн.　　　　　　В. На реку.　　　　　　С. На берег.

听第 8 段材料，回答第 10 ～ 12 题。

10. Куда летит эта семья?

А. В Пекин.　　　　　　В. В Москву.　　　　　　С. В Харбин.

11. Откуда Анна узнала о поездке в Москву?

А. От папы.　　　　　　В. От мамы.　　　　　　С. От брата.

12. Как долго они будут лететь?

А. 13 часов.　　　　　　В. 30 часов.　　　　　　С. 3 часов.

听第 9 段材料，回答第 13 ～ 16 题。

13. Какое число сегодня?

А. Сегодня 7-ое июля.　　　В. Сегодня 8-ое марта.　　С. 25-ое июня.

14. Какая олимпиада будет проходить в Москве летом?

А. Олимпиада по математике.

В. Олимпиада по физике.

С. Олимпиада по русскому языку.

15. Когда открывается олимпиада?

А. 25-ого июня.　　　　　В. 25-ого июля.　　　　　С. 15-ого июня.

16. Кто будет выступать в команде Китая?

А. Елена Ивановна.　　　　В. Петя.　　　　　　　С. Андрей.

听第 10 段材料，回答第 17 ～ 20 题。

17. У кого они были в гостях вчера?

А. У Андрея.　　　　　　В. У Антона.　　　　　　С. У Нади.

18. Откуда приехал Том?

А. Из Китая.　　　　　　В. Из Африки.　　　　　С. Из Америки.

19. С чем ребята пили чай?

А. С сахаром.　　　　　　В. С молоком.　　　　　С. С шоколадом.

20. Где живут автор и Том?

А. В гостинице.　　　　　В. У Нади.　　　　　　С. В школе.

【参考答案】

1-5: BAABC   6-10: BCCAB   11-15: CABCB   16-20: BCBCA

 高考听力训练（八）

本部分分两节，共 20 小题，每小题 1.5 分，共 30 分。做题时，先将答案标在试卷上。录音内容结束后，你将有两分钟的时间将试卷上的答案转写到答题纸上。

第一节：（共 5 个小题，每小题 1.5 分，满分 7.5 分）

听下面 5 段对话。每段对话后有一个小题，从题中所给的 3 个选项中选出最佳选项。听完每段对话后，你都有 10 秒钟的时间来回答有关小题并阅读下一小题。每段对话读一遍。

1. Где этот человек провёл прошлое воскресенье?

　　A. Дома.　　　　　　　　B. В школе.　　　　　　　　C. В парке.

2. Кого Лена встретила в театре?

　　A. Учительницу.　　　　 B. Родителей.　　　　　　　C. Учителя.

3. Сколько лет Вите?

　　A. 20.　　　　　　　　　B. 16.　　　　　　　　　　C. 18.

4. Почему ребятам здесь нельзя бегать?

　　A. Потому что здесь много больных.

　　B. Потому что здесь посадили цветы.

　　C. Потому что здесь идёт кино.

5. Какая юбка нравится покупателю?

　　A. Красная.　　　　　　 B. Тёмная.　　　　　　　　 C. Светлая.

第二节：（共 15 小题，每小题 1.5 分，满分 22.5 分）

听下面 5 段对话或独白。每段对话或独白后有几个小题，从题中所给的三个选项中选出最佳选项。听每段对话或独白前，你有时间阅读各个小题，每小题 5 秒钟。听完后，各小题给出 5 秒钟的作答时间。每段对话或独白读两遍。

听第 6 段材料，回答第 6、7 题。

6. С кем играла в футбол школьная команда?

　　A. С командой первой школы.

　　B. С командой второй школы.

　　C. С командой третьей школы.

7. Кто выиграл?

　　A. Команда третьей школы.

B. Команда этой школы.

C. Никто не выиграл.

听第 7 段材料，回答第 8、9 题。

8. Какая книга понравилась девочке?

A. Книга про собак.

B. Учебник по литереатуре.

C. Интересная книга с картинками.

9. Когда мама обещает купить эту книгу?

A. Сегодня.   B. Вчера.   C. В другой раз.

听第 8 段材料，回答第 10 ~ 12 题。

10. Что сказал больному врач?

A. Он сказал, что больному нужно лежать, а потом зайти к нему ещё раз.

B. Он сказал, чтобы больной завтра пошёл на работу.

C. Он сказал, что больному нужно гулять на свежем воздухе.

11. Чем Иван Иванович болен?

A. Бессонницей.   B. Простудой.   C. Гриппом.

12. Какая температура сейчас у Ивана Ивановича?

A. Нормальная.   B. Высокая.   C. Высшая.

听第 9 段材料，回答第 13 ~ 16 题。

13. Кто такая Вера Петровна?

A. Врач.   B. Артистка.   C. Учительница.

14. Что хорошо объясняет Вера Петровна?

A. Математику.   B. Грамматику.   C. Физику.

15. Как долго она была за границей?

A. Два года.   B. Два месяца.   C. Три года.

16. Что ребята подарят Вере Петровне?

A. Пластинку.   B. Цветы.   C. Картину.

听第 10 段材料，回答第 17 ~ 20 题。

17. О ком эта история?

A. О маденькой девочке.   B. О собаке.   C. О маме с папой.

18. Сколько лет было девочке на фотографии?

A. 4 года.   B. 5 лет.   C. 3 года.

19. Где тогда заснула девочка?

    A. В комнате.   B. У гостя дома.   C. В домике собаки.

20. Кто сделал эту фотографию?

    A. Мама девочки.   B. Папа девочки.   C. Дедушка девочки.

【参考答案】

1-5: ACBBC   **6-10:** CBCCA   **11-15:** CACBA   **16-20:** BACCB

 高考听力训练（九）

本部分分两节，共 20 小题，每小题 1.5 分，共 30 分。做题时，先将答案标在试卷上。录音内容结束后，你将有两分钟的时间将试卷上的答案转写到答题纸上。

第一节：（共 5 个小题，每小题 1.5 分，满分 7.5 分）

听下面 5 段对话。每段对话后有一个小题，从题中所给的 3 个选项中选出最佳选项。听完每段对话后，你都有 10 秒钟的时间来回答有关小题并阅读下一小题。每段对话读一遍。

1. Что Лена не умеет делать?

    A. Играть в футбол.   B. Танцевать.   C. Кататься на велосипеде.

2. Сколько уроков русского языка в неделю у Олега?

    A. Пять.   B. Четыре.   C. шесть.

3. Куда хотят пойти друзья?

    A. На почту.   B. В Москву.   C. К друзьям.

4. Сколько надо заплатить за десять открыток?

    A. 25 рублей.   B. 15 рублей.   C. 50 рублей.

5. На чём можно доехать до музея?

    A. На автобусе номер три.

    B. На автобусе номер два.

    C. На автобусе номер восемь.

第二节：（共 15 小题，每小题 1.5 分，满分 22.5 分）

听下面 5 段对话或独白。每段对话或独白后有几个小题，从题中所给的三个选项中选出最佳选项。听每段对话或独白前，你有时间阅读各个小题，每小题 5 秒钟。听完后，各小题给出 5 秒钟的作答时间。每段对话或独白读两遍。

听第 6 段材料，回答第 6、7 题。

6. Кого ребята пригласят на прогулку?

    A. Учителя.   B. Учительницу.   C. Учителей.

7. Когда они поедут в парк?

    A. В субботу.   B. В воскресенье.   C. Во вторник.

听第 7 段材料，回答第 8、9 题。

8. Куда едут папа и Саша?

    A. На Великую стену.

    B. В деревню.

    C. На Красную площадь.

9. Сколько экскурсий будет сегодня у Саши?

    A. Одна.   B. Две.   C. Три.

听第 8 段材料，回答第 10 ~ 12 题。

10. У кого есть собака?

    A. У Маши.   B. У Лены.   C. У Жучки.

11. Когда Лена купила собаку?

    A. 3 месяца назад.   B. 3 дня назад.   C. 3 недели назад.

12. Как Маша решила назвать эту собаку?

    A. Оля.   B. Женя.   C. Жучка.

听第 9 段材料，回答第 13 ~ 16 题。

13. Что интересного в этом городе?

    A. Здесь много больших мазинов.

    B. В городе много университетов.

    C. Здесь много парков и музеев.

14. На какой выставке был Сяо Ли?

    A. На выставке фотографий.

    B. На выставке картин.

    C. На выставке цветов.

15. Почему Сяо Ли не видел городсткого стадиона?

    A. Потому что в городе нет стадиона.

    B. Потому что ему не показали.

    C. Потому что стадион закрыт.

16. Зачем ребята часто ходят на стадион?

    A. Плавать.   B. Играть в футбол.   C. Смотреть футбол.

听第 10 段材料，回答第 17 ～ 20 题。

17. Где эта семья была в воскресенье?

    A. В деревне.   B. В городе.   C. В парке.

18. Какая погода была в воскресенье?

    A. Хорошая погода.   B. Плохая погода.   C. Шёл дождь.

19. Кто рассказывал истории?

    A. Саша.   B. Андрей.   C. Володя.

20. Что автор делал после обеда?

    A. Смотрел телевизору.

    B. Ходил в кино.

    C. Слушал концерт.

【参考答案】

1-5: BAACB   **6-10: BBABB**   **11-15: CCCBB**   **16-20: BCAAC**

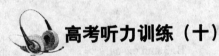

高考听力训练（十）

本部分分两节，共 20 小题，每小题 1.5 分，共 30 分。做题时，先将答案标在试卷上。录音内容结束后，你将有两分钟的时间将试卷上的答案转写到答题纸上。

第一节：（共 5 个小题，每小题 1.5 分，满分 7.5 分）

听下面 5 段对话。每段对话后有一个小题，从题中所给的 3 个选项中选出最佳选项。听完每段对话后，你都有 10 秒钟的时间来回答有关小题并阅读下一小题。每段对话读一遍。

1. Куда поехали родители Насти?

    A. В Пекин.   B. В деревню.   C. За границу.

2. Как Вова ездит в школу в хорошую погоду?

    A. На велосипеде.   B. На автобусе.   C. На троллейбусе.

3. Куда Борис поедет летом?

    A. На Москву-реку.   B. На Байкал.   C. На Чёрное море.

4. Какое время года сейчас у Вовы?

    A. Осень.   B. Лето.   C. Зима.

5. Где они будут смотреть футбол?

    A. Дома.   B. На стадионе.   C. В школе.

第二节：（共 15 小题，每小题 1.5 分，满分 22.5 分）

听下面 5 段对话或独白。每段对话或独白后有几个小题，从题中所给的三个选项中选出最佳选项。听每段对话或独白前，你有时间阅读各个小题，每小题 5 秒钟。听完后，各小题给出 5 秒钟的作答时间。每段对话或独白读两遍。

听第 6 段材料，回答第 6、7 题。

6. Где парень с девушкой будут кататься на лодке?

　　A. На реку.　　　　　B. На море.　　　　　C. На озере.

7. Каких птиц там можно увидеть?

　　A. Лебедей.　　　　　B. Голубей.　　　　　C. Ласточек.

听第 7 段材料，回答第 8、9 题。

8. Когда случился этот разговор?

　　A. В каникулы.　　　　B. После каникул.　　　C. Перед каникулами.

9. Где живёт бабушка Веры?

　　A. В городе.　　　　　B. В деревне у самых гор.　C. У моря.

听第 8 段材料，回答第 10 ～ 12 题。

10. На чём Вася умеет играть?

　　A. На рояле.　　　　　B. На компьютере.　　　C. На скрипке.

11. Где Вася занимается музыкой?

　　A. В музыкальном кружке.　B. В классе.　　　　C. В кабинете.

12. Какую песню будет исполнять Вася?

　　A. Песню "Московские вечера".

　　B. Пьесу Чайковского.

　　C. Песню "Учитель".

听第 9 段材料，回答第 13 ～ 16 题。

13. С кем познакомился Том?

　　A. С Иваном.　　　　　B. С Олегом.　　　　　C. С Юрой.

14. Кто Том по национальности?

　　A. Он русский.　　　　B. Он китаец.　　　　　C. Он американец.

15. Где живёт Том в России?

　　A. В гостинице "Дружба", номер 1412.

　　B. В гостинице " Москва", номер 1220.

　　C. В гостинице "Россия", номер 2310.

16. Зачем Том приехал в Москву?

    A. На встречу с другом.   B. По личному делу.   C. Учиться.

听第 10 段材料，回答第 17 ～ 20 题。

17. Где встретились мальчики?

    A. В школе.   B. На улице.   C. Во дворе.

18. Куда идёт Вова?

    A. В школу.   B. На каток.   C. В магазин.

19. Коля пришёл сегодня на урок?

    A. Да, пришёл.   B. Нет, не пришёл.   C. Не знаю.

20. На кого Коля рассердился?

    A. На себя.   B. На Вову.   C. На маму.

【参考答案】

1-5: CABAB   **6-10: CABBC**   **11-15: ABACA**   **16-20: BCBBA**

 高考听力训练（十一）

本部分分两节，共 20 小题，每小题 1.5 分，共 30 分。做题时，先将答案标在试卷上。录音内容结束后，你将有两分钟的时间将试卷上的答案转写到答题纸上。

第一节：（共 5 个小题，每小题 1.5 分，满分 7.5 分）

听下面 5 段对话。每段对话后有一个小题，从题中所给的 3 个选项中选出最佳选项。听完每段对话后，你都有 10 秒钟的时间来回答有关小题并阅读下一小题。每段对话读一遍。

1. На чём Галя едет домой?

    A. На метро.   B. На автобусе.   C. На троллейбусе.

2. Какой костюм хочет купить покупатель?

    A. Зелёный.   B. Синий.   C. Чёрный.

3. На сколько лет папа старше мамы?

    A. 3 года.   B. 2 года.   C. 4 года.

4. Когда Серёжа поймал первую рыбу в своей жизни?

    A. Только что.   B. На прошлой неделе.   C. В детстве.

5. Где были Лена с подру́гой?

    A. В историческом музее.

B. В книжном магазине.

C. На выставке картин.

第二节：（共 **15** 小题，每小题 **1.5** 分，满分 **22.5** 分）

听下面 5 段对话或独白。每段对话或独白后有几个小题，从题中所给的三个选项中选出最佳选项。听每段对话或独白前，你有时间阅读各个小题，每小题 5 秒钟。听完后，各小题给出 5 秒钟的作答时间。每段对话或独白读两遍。

听第 6 段材料，回答第 6、7 题。

6. Как зовут нового ученика?

A. Вася.　　　　　　　　B. Вова.　　　　　　　　C. Ваня.

7. Где находится родная деревня нового ученика?

A. Далеко от Москвы.　　B. Недалеко от Москвы.　　C. У моря.

听第 7 段材料，回答第 8、9 题。

8. Куда Антон поедет в воскресенье?

A. В центр города.　　　B. В деревню.　　　　　C. В зоопарк.

9. Когда они поедут в зоопарк?

A. Через неделю.　　　　B. Через один день.　　　C. Через месяц.

听第 8 段材料，回答第 10 ～ 12 题。

10. На каком этаже живёт семья Анны?

A. На третьем этаже.　　B. На четвёртом этаже.　　C. На втором этаже.

11. Сколько комнат у Анны в квартире?

A. 2.　　　　　　　　　B. 3.　　　　　　　　　C. 4.

12. Где сейчас живёт дедушка Анны?

A. В деревне.　　　　　B. В Пекине.　　　　　C. В Киеве.

听第 9 段材料，回答第 13 ～ 16 题。

13. Куда Таня приглашает Ван Ли?

A. На концерт.　　　　　B. В кино.　　　　　　C. К себе в гости.

14. Где Таня с китайцами познакомилась?

A. В ГУМе.　　　　　　B. В МГУ.　　　　　　C. В институте Пушкина.

15. О чём Таня просит Ван Ли?

A. Принести новые пластинки.

B. Принести новые книги.

C. Принести новые журналы.

16. Когда Ван Ли придёт к Тане?

    A. Завтра.   B. Вечером.   C. Сегодня днём.

听第 10 段材料，回答第 17 ~ 20 题。

17. Как автор приехал из Москвы в Пекин?

    A. На поезде.   B. На автобусе.   C. На самолёте.

18. Куда поехали из аэропорта русские друзья?

    A. В Пекинский университет.

    B. В Государственный Музей.

    C. На площадь Тяньаньмэнь.

19. Где они были вечером?

    A. В книжном магазине.   B. В центре города.   C. На главное улице города.

20. Когда они вернулись в университет?

    A. В 8 часов вечера.   B. В 9 часов вечера.   C. В 10 часов вечера.

【参考答案】

1-5: BCACC   **6-10:** CBAAB   **11-15:** CACBA   **16-20:** BCABB

高考听力训练（十二）

本部分分两节，共 20 小题，每小题 1.5 分，共 30 分。做题时，先将答案标在试卷上。录音内容结束后，你将有两分钟的时间将试卷上的答案转写到答题纸上。

第一节：（共 5 个小题，每小题 **1.5** 分，满分 **7.5** 分）

听下面 5 段对话。每段对话后有一个小题，从题中所给的 3 个选项中选出最佳选项。听完每段对话后，你都有 10 秒钟的时间来回答有关小题并阅读下一小题。每段对话读一遍。

1. От кого Соня часто получает письма?

    A. От учителей.   B. От друзей.   C. От родителей.

2. Куда пошёл Виктор?

    A. Домой.   B. На почту.   C. На завод.

3. Чем заболел учитель?

    A. Гриппом.   B. Простудой.   C. Ангиной.

4. Когда Борис уехал в Москву?

    A. Вчера.   B. Сегодня.   C. Позавчера.

5. Какой предмет любит Яша?

    A. Химию.   B. Географию.   C. Историю.

第二节：(共 **15** 小题，每小题 **1.5** 分，满分 **22.5** 分)

听下面 5 段对话或独白。每段对话或独白后有几个小题，从题中所给的三个选项中选出最佳选项。听每段对话或独白前，你有时间阅读各个小题，每小题 5 秒钟。听完后，各小题给出 5 秒钟的作答时间。每段对话或独白读两遍。

听第 6 段材料，回答第 6、7 题。

6. Куда хочет поехать этот человек?

    A. На вокзал.   B. В ресторан.   C. В гостиницу «Север».

7. На что ему надо сесть?

    A. На первый автобус.

    B. На второй автобус.

    C. На третий автобус.

听第 7 段材料，回答第 8、9 题。

8. Какие упражнения пишет Миша?

    A. Упражнения по английскому языку.

    B. Упражнения по китайскому языку.

    C. Упражнения по русскому языку.

9. Когда ребята пойдут играть в пинг-понг?

    A. Через час.   B. Через 30 минут.   C. Через 2 часа.

听第 8 段材料，回答第 10 ~ 12 题。

10. Куда турист хочет поехать?

    A. На Чёрное море.   B. На Кавказ.   C. На Байкал.

11. Сколько стоит поездка?

    A. 3 тысячи рублей.   B. 2 тысячи рублей.   C. 5 тысяч рублей.

12. Когда начинается путешествие?

    A. 5 июня.   B. 15 июня.   C. 15 июля.

听第 9 段材料，回答第 13 ~ 16 题。

13. Кого Саша будит каждое утро?

    A. Олега.   B. Борю.   C. Ивана.

14. Который час сейчас?

    A. Около семи часов.   B. Около шести часов.   C. Около восьми часов.

15. Где ключ от комнаты?

    A. На столе.   B. В столе.   C. В двери.

16. Что Саша делал вчера вечером?

    A. Играл на компьютере.

    B. Писал сочинение.

    C. Решал задачи по алгебре.

听第 10 段材料，回答第 17 ~ 20 题。

17. Как зовут учителя географии?

    A. Антон Петрович   B. Андрей Петрович.   C. Антон Иванович.

18. Почему учитель географии поставил ребятам двойки?

    A. Потому что учитель географии не любит этих ребят.

    B. Потому что учитель географии несправедливый.

    C. Потому что ребята плохо отвечали на уроке.

19. Какие отметки они получили на этот раз?

    A. Двойки.   B. Пятёрки.   C. Тройки.

20. Почему они не пошли к директору?

    A. Потому что они ещё плохо знают географию.

    B. Потому что их учитель уже ушёл из школы.

    C. Потому что им понравился учитель географии.

【参考答案】

1-5: CBACC   **6-10: ABCBC**   **11-15: ACCAC**   **16-20: BACBC**

高考听力训练（十三）

本部分分两节，共 20 小题，每小题 1.5 分，共 30 分。做题时，先将答案标在试卷上。录音内容结束后，你将有两分钟的时间将试卷上的答案转写到答题纸上。

第一节：（共 5 个小题，每小题 1.5 分，满分 7.5 分）

听下面 5 段对话。每段对话后有一个小题，从题中所给的 3 个选项中选出最佳选项。听完每段对话后，你都有 10 秒钟的时间来回答有关小题并阅读下一小题。每段对话读一遍。

1. Где лежала тетрадь Оли?

    A. На столе.   B. В столе.   C. В сумке.

2. От кого Маша получила письмо?

    A. От отца.   B. От сестры.   C. От брата.

3. Где учится брат Бори?

    A. В школе № 5.   B. В школе № 3.   C. В школе № 6.

4. Когда Елена Петровна приехала в этот город?

    A. В начале этого месяца.

    B. В конце этого месяца.

    C. В прошлом месяце.

5. Сколько времени ребята слушали магнитофон?

    A. Полчаса.   B. Час.   C. Несколько часов.

第二节：（共 **15** 小题，每小题 **1.5** 分，满分 **22.5** 分）

听下面 5 段对话或独白。每段对话或独白后有几个小题，从题中所给的三个选项中选出最佳选项。听每段对话或独白前，你有时间阅读各个小题，每小题 5 秒钟。听完后，各小题给出 5 秒钟的作答时间。每段对话或独白读两遍。

听第 6 段材料，回答第 6、7 题。

6. Когда Вера обычно приходит из школы?

    A. В 6 часов.   B. В 5 часов.   C. В 7 часов.

7. Когда Вера ложится спать по субботам?

    A. В девять часов.

    B. В одиннадцать часов.

    C. В десять часов.

听第 7 段材料，回答第 8、9 题。

8. Откуда Андрей получил письмо?

    A. Из дому.   B. Из университета.   C. Из деревни.

9. Когда Андрей вернётся на работу?

    A. Через 2 дня.   B. Через 4 дня.   C. Через 6 дней.

听第 8 段材料，回答第 10 ~ 12 题。

10. Какая олимпиада будет в ноябре?

    A. Олимпиада по русскому языку.

    B. Олимпиада по китайскому языку.

    C. Олимпиада по английскому языку.

11. Где будет проходить олимпиада?

    A. В Харбине.   B. В Пекине.   C. В Шанхае.

12. Кто будет участвовать в олимпиаде?

    A. Студенты.   B. Школьники.   C. Директора школ.

听第 9 段材料，回答第 13 ~ 16 题。

13. К кому пришла Валя?

    A. К Антону.   B. К Коле.   C. К Ане.

14. Кем работает отец Ани?

    A. Учителем.   B. Врачом.   C. Учёным.

15. Какая квартира у Ани?

    A. Большая.

    B. Маленькая, но светлая.

    C. Небольшая, но уютная.

16. Что девушки будут делать в большой комнате?

    A. Смотреть телевизор.   B. Играть на рояле.   C. Обедать.

听第 10 段材料，回答第 17 ~ 20 题。

17. Где живёт Василий Николаевич?

    A. На втором этаже в квартире № 3.

    B. На третьем этаже в квартире № 2.

    C. На втором этаже в квартире № 2.

18. Какое увлечение у Василия Николаевича?

    A. Он любит собирать марки.

    B. Он любит книги и собирает их.

    C. Он любит литературу.

19. Когда Василий Николаевич покупает книги?

    A. Каждый день.   B. Каждое утро.   C. Каждую субботу.

20. Кто часто берёт у него книги?

    A. Только дети.

    B. Только взрослые.

    C. Все, кто живёт в этом доме.

【参考答案】

1-5: BCABC   6-10: BCABC   11-15: ABCBC   16-20: CABCC

高考听力训练（十四）

本部分分两节，共 20 小题，每小题 1.5 分，共 30 分。做题时，先将答案标在试卷上。录音内容结束后，你将有两分钟的时间将试卷上的答案转写到答题纸上。

第一节：（共 5 个小题，每小题 1.5 分，满分 7.5 分）

听下面 5 段对话。每段对话后有一个小题，从题中所给的 3 个选项中选出最佳选项。听完每段对话后，你都有 10 秒钟的时间来回答有关小题并阅读下一小题。每段对话读一遍。

1. Какой праздник наступает?
   A. Новый год.　　　　　B. Первое мая.　　　　　C. Восьмое марта.

2. Где Вера была на каникулах?
   A. На Красной площади.
   B. В Кремле.
   C. На Великой Китайской стене.

3. Где бывает Анна с семьёй в выходные дни?
   A. В парке.　　　　　B. За городом.　　　　　C. В деревне.

4. Во что Олег любит играть?
   A. В баскетбол.　　　　　B. В волейбол.　　　　　C. В футбол.

5. Когда Лена пойдёт в гости?
   A. В это воскресенье.
   B. В следующее воскресенье.
   C. В следующую субботу.

第二节：（共 15 小题，每小题 1.5 分，满分 22.5 分）

听下面 5 段对话或独白。每段对话或独白后有几个小题，从题中所给的三个选项中选出最佳选项。听每段对话或独白前，你有时间阅读各个小题，每小题 5 秒钟。听完后，各小题给出 5 秒钟的作答时间。每段对话或独白读两遍。

<u>听第 6 段材料，回答第 6、7 题。</u>

6. Откуда приехал молодой человек?
   A. Из Китая.　　　　　B. Из России.　　　　　C. Из Франции.

7. Сколько лет он изучает русский язык?
   A. 7 лет.　　　　　B. 8 лет.　　　　　C. 18 лет.

听第 7 段材料，回答第 8、9 题。

8. Как зовут директора школы?

    А. Иван Иванович Петров.

    В. Ли Сяо.

    С. Иван Петрович Петров.

9. Зачем учительница приехала в эту школу?

    А. Она хочет познакомиться с директором школы.

    В. Она хочет познакомиться с учениками.

    С. Она хочет познакомиться со школой.

听第 8 段材料，回答第 10 ～ 12 题。

10. Кому нравится этот рисунок?

    А. Мише.   В. Лене.   С. Анне.

11. Чем нарисован этот рисунок?

    А. Красками.   В. Карандашом.   С. Ручкой.

12. Что решил сделать Миша?

    А. Купить этот рисунок для Лены.

    В. Продать Лене этот рисунок.

    С. Купить этот рисунок для себе.

听第 9 段材料，回答第 13 ～ 16 题。

13. Куда Антон предлагает Саше поехать на каникулы?

    А. В древнюю столицу России.

    В. В «Северную столицу» России.

    С. В первую столицу России.

14. В каком городе Саша сейчас находится?

    А. В Москве.   В. Во Владивостоке.   С. В Санкт-Петербурге.

15. На чём Антон советует поехать?

    А. На автобусе.   В. На поезде.   С. На самолёте.

16. Сколько часов туда ехать?

    А. 7 часов.   В. 6 часов.   С. 8 часов.

听第 10 段材料，回答第 17 ～ 20 题。

17. Где раньше жили родители?

    А. В Юго-Западном районе Москвы.

    В. В центре Москвы.

    С. В Западном районе Москвы.

18. Когда родители получили новую квартиру?

    A. Несколько лет назад.

    B. Несколько дней назад.

    C. Несколько месяцев назад.

19. На каком этаже теперь живут родители?

    A. На первом этаже.

    B. На втором этаже.

    C. На четвёртом этаже.

20. Какая комната в квартире самая большая?

    A. Спальня родителей.   B. Комната брата.   C. Столовая.

【参考答案】

1-5: BCACB   **6-10:** CAACB   **11-15:** BABAB   **16-20:** CBABC

 高考听力训练（十五）

本部分分两节，共 20 小题，每小题 1.5 分，共 30 分。做题时，先将答案标在试卷上。录音内容结束后，你将有两分钟的时间将试卷上的答案转写到答题纸上。

第一节：（共 5 个小题，每小题 **1.5** 分，满分 **7.5** 分）

听下面 5 段对话。每段对话后有一个小题，从题中所给的 3 个选项中选出最佳选项。听完每段对话后，你都有 10 秒钟的时间来回答有关小题并阅读下一小题。每段对话读一遍。

1. Сколько сегодня градусов?

    A. Минус 16 градусов.   B. Плюс 16 градусов.   C. 26 градусов тепла.

2. Когда будет собрание?

    A. Завтра после ужина.   B. Завтра после обеда.   C. Завтра после завтрака.

3. Где они будут завтракать сегодня?

    A. В кафе.   B. Дома.   C. В буфете.

4. Где Саша встретил Алёшу?

    A. В клубе.   B. В классе.   C. На улице.

5. Где сейчас находится туристка?

    A. В Пекине.   B. В Москве.   C. В Шанхае.

第二节：(共 15 小题，每小题 1.5 分，满分 22.5 分)

听下面 5 段对话或独白。每段对话或独白后有几个小题，从题中所给的三个选项中选出最佳选项。听每段对话或独白前，你有时间阅读各个小题，每小题 5 秒钟。听完后，各小题给出 5 秒钟的作答时间。每段对话或独白读两遍。

听第 6 段材料，回答第 6、7 题。

6. Какой фильм идёт сегодня в кино?

    A. «Брат».   B. «Детство».   C. «В людях».

7. Сколько билетов в кино у этого зрителя?

    A. Два.   B. Один.   C. Три.

听第 7 段材料，回答第 8、9 题。

8. Какие туфли нравятся покупателю?

    A. Белые.   B. Зелёные.   C. Красные.

9. Сколько стоят эти туфли?

    A. 20 рублей.   B. 200 рублей.   C. 2000 рублей.

听第 8 段材料，回答第 10 ~ 12 题。

10. Кем хочет стать Ира?

    A. Переводчицей.   B. Врачом.   C. Учительницей.

11. Кем работает брат Вити?

    A. Учителем.   B. Переводчиком.   C. Врачом.

12. Какой предмет хорошо идёт у Вити?

    A. Русский язык.   B. Английский язык.   C. Математика.

听第 9 段材料，回答第 13 ~ 16 题。

13. Куда идёт Оля?

    A. В школу.   B. В магазин.   C. В музей.

14. Что Оля собирается делать в воскресенье?

    A. Заниматься в школе.

    B. Сделать фотографии.

    C. Писать статью для газеты.

15. Чем увлекается Маша?

    A. Марками.   B. Спортом.   C. Музыкой и фотографией.

16. Кто научил Машу фотографировать?

    A. Её мама.   B. Её папа.   C. Её учительница.

听第 10 段材料，回答第 17 ～ 20 题。

17. Где автор занимался русским языком?

    A. В школе.   B. В библиотеке.   C. В вечерней школе.

18. Какая у них была учительница?

    A. Опытная.   B. Необычная.   C. Молодая.

19. Как автор занимался потом?

    A. С учителем.   B. Самостоятельно.   C. С другом.

20. Какие сейчас успехи у автора?

    A. Он уже хорошо говорит и понимает по-русски.

    B. Он уже быстро читает по-русски, хорошо пишет.

    C. Он уже может читать рассказы на русском языке, и писать письма.

【参考答案】

1-5: BBCAA   **6-10:** BACCC   **11-15:** BBABC   **16-20:** BCABC

 高考听力训练（十六）

本部分分两节，共 20 小题，每小题 1.5 分，共 30 分。做题时，先将答案标在试卷上。录音内容结束后，你将有两分钟的时间将试卷上的答案转写到答题纸上。

第一节：（共 **5** 个小题，每小题 **1.5** 分，满分 **7.5** 分）

听下面 5 段对话。每段对话后有一个小题，从题中所给的 3 个选项中选出最佳选项。听完每段对话后，你都有 10 秒钟的时间来回答有关小题并阅读下一小题。每段对话读一遍。

1. Что Катя любит?

    A. Рыбу.   B. Мясо.   C. Овощи.

2. На каком этаже живут Петровы?

    A. На четвёртом этаже.   B. На третьем этаже.   C. На втором этаже.

3. Куда поедет Вова на каникулах?

    A. В Москву.   B. В Сочи.   C. Во Владивосток.

4. Кто просит Машу надеть шапку?

    A. Бабушка.   B. Брат.   C. Дедушка.

5. Когда начинается фильм?

    A. В 7:30   B. В 6:30.   C. В 7:20

第二节：(共 15 小题，每小题 1.5 分，满分 22.5 分)

听下面 5 段对话或独白。每段对话或独白后有几个小题，从题中所给的三个选项中选出最佳选项。听每段对话或独白前，你有时间阅读各个小题，每小题 5 秒钟。听完后，各小题给出 5 秒钟的作答时间。每段对话或独白读两遍。

听第 6 段材料，回答第 6、7 题。

6. Почему Надя сегодня не хочет идти в кино?

A. Потому что у неё важное дело.

B. Потому что она немного устала.

C. Потому что по телевизору футбол, и она хочет посмотреть.

7. Когда Надя с другом пойдут в кино?

A. В воскресенье вечером.

B. Сегодня вечером.

C. В воскресенье днём.

听第 7 段材料，回答第 8、9 题。

8. Насколько задержался Гриша?

A. На 3 дня.   B. На 2 дня.   C. На 2 недели.

9. Где живёт семья Гриши?

A. В Москве.   B. На Кавказе.   C. В Сочи.

听第 8 段材料，回答第 10 ~ 12 题。

10. Куда пришёл Алёша?

A. К Вове домой.   B. К Мише домой.   C. К Зое домой.

11. Как долго не виделись Миша с Вовой?

A. Несколько лет.   B. Один год.   C. 2 года.

12. Куда Алёша хочет пригласить Зою?

A. В театр.   B. В парк.   C. В кино.

听第 9 段材料，回答第 13 ~ 16 题。

13. Куда человек звонит?

A. В гостиницу.   B. В буфет.   C. В ресторан.

14. На сколько человек он заказывает обед?

A. На 5.   B. На 15.   C. На 50.

15. Когда они придут обедать?

A. В 3 часа.   B. В 4 часа.   C. В 2 часа.

16. Когда нужно заплатить за обед?

    A. Через день после обеда.

    B. За день до обеда.

    C. В день обеда .

听第 10 段材料，回答第 17 ～ 20 题。

17. Когда студенты ездили на экскурсию в деревню?

    A. Вчера.   B. Позавчера.   C. Сегодня утро.

18. На чём они ездили на экскурсию?

    A. На велосипеде.   B. На автобусе.   C. Пешком.

19. В какое время года они поехали в деревню?

    A. Весной.   B. Летом.   C. Осенью.

20. Что сейчас есть в деревне?

    A. Детский сад, школа, университет.

    B. Вокзал, почта, стадион.

    C. Школа, библиотека, клуб и поликлиника.

【参考答案】

| 1-5: BABCB | 6-10: BCBAB | 11-15: BCCBA | 16-20: CABCC |

 高考听力训练（十七）

本部分分两节，共 20 小题，每小题 1.5 分，共 30 分。做题时，先将答案标在试卷上。录音内容结束后，你将有两分钟的时间将试卷上的答案转写到答题纸上。

第一节：（共 5 个小题，每小题 **1.5 分**，满分 **7.5 分**）

听下面 5 段对话。每段对话后有一个小题，从题中所给的 3 个选项中选出最佳选项。听完每段对话后，你都有 10 秒钟的时间来回答有关小题并阅读下一小题。每段对话读一遍。

1. Сколько лет сыну учителя?

    A. 3 года.   B. 13 лет.   C. 4 года.

2. Где и кем работает его отец?

    A. Учителем в школе.

    B. Инженером на заводе.

    C. Работником в банке.

3. Где будет обедать Антон?

    A. В кафе.   B. В столовой.   C. В ресторане.

4. Где работает сестра Шуры?

    A. Она работает в больнице.

    B. Она работает в магазине.

    C. Она работает в библиотеке.

5. Сколько стоят книга и ручка?

    A. 250 рублей.   B. 200 рублей.   C. 450 рублей.

第二节：(共 15 小题，每小题 1.5 分，满分 22.5 分)

听下面 5 段对话或独白。每段对话或独白后有几个小题，从题中所给的三个选项中选出最佳选项。听每段对话或独白前，你有时间阅读各个小题，每小题 5 秒钟。听完后，各小题给出 5 秒钟的作答时间。每段对话或独白读两遍。

听第 6 段材料，回答第 6、7 题。

6. С чем идёт Игорь на поздравление к Ирине Ивановне?

    A. С книгой.   B. С тортом.   C. С цветами.

7. Куда идёт девушка?

    A. К Павлу.   B. К Ивану.   C. К Игорю.

听第 7 段材料，回答第 8、9 题。

8. Что нового у Анны Ивановны?

    A. Сын поступил в институт.

    B. Сын поступил на работу в институт.

    C. Сын окончил институт.

9. Кем хочет стать сын Анны Ивановны?

    A. Врачом.   B. Геологом.   C. Инженером.

听第 8 段材料，回答第 10 ～ 12 题。

10. Какого числа покажут футбол?

    A. Седьмого.   B. Восьмого.   C. Третьего.

11. По какому каналу будет футбольный матч?

    A. По пятому.   B. По третьему.   C. По первому.

12. Кто с кем будет играть?

    A. Россия и Китай.   B. Россия и Англия.   C. Китай и Япония.

听第 9 段材料，回答第 13 ～ 16 题。

13. Где происходит разговор?

    A. В школе.   B. В магазине.   C. В больнице.

14. Сколько стоит то пальто, которое купил покупатель?

    A. 256 рублей.   B. 1020 рублей.   C. 1045 рублей.

15. Сколько взяли с покупателя за платье и пальто?

    A. 1045 рублей.   B. 1020 рублей.   C. 2065 рублей.

16. Если покупатель платит в кассу 3000 рублей, сколько ему надо вернуть?

    A. 935 рублей.   B. 535 рублей.   C. 35 рублей.

听第 10 段材料，回答第 17 ~ 20 题。

17. Какие тексты теперь читают Андрей и автор?

    A. Самые трудные и длинные тексты.

    B. Более скучные тексты.

    C. Более трудные и длинные, но более интересные тексты.

18. Кто читает по-русски лучше?

    A. Андрей.   B. Автор.   C. Другие ребята.

19. Кому учитель говорит: «Читайте, немного громче и быстрее»?

    A. Автору.   B. Андрею.   C. Автору и Андрею.

20. Как говорит по-русски Андрей?

    A. Андрей говорит по-русски хуже, чем автор.

    B. Андрей говорит по-русски лучше, чем автор.

    C. Андрей говорит по-русски лучше, чем учитель.

【参考答案】

1-5: ABCBC   **6-10:** CAAAB   **11-15:** BABBC   **16-20:** ACAAB

 高考听力训练（十八）

本部分分两节，共 20 小题，每小题 1.5 分，共 30 分。做题时，先将答案标在试卷上。录音内容结束后，你将有两分钟的时间将试卷上的答案转写到答题纸上。

第一节：（共 5 个小题，每小题 1.5 分，满分 7.5 分）
听下面 5 段对话。每段对话后有一个小题，从题中所给的 3 个选项中选出最佳选项。听完每段对话后，你都有 10 秒钟的时间来回答有关小题并阅读下一小题。每段对话读一遍。

1. Куда едет Лена?

    A. В университет.   B. В школу.   C. В институт.

2. Что делает сейчас Маша?

    A. Рисует цветы.   B. Читает газету.   C. Рисует звёзды.

3. Когда Катюша вернула журналы и газеты?

    A. В пятницу.   B. В понедельник.   C. В среду.

4. Возьмёт ли юноша сказки?

    A. Да, конечно.   B. Ещё не решил.   C. Нет, не возьмёт.

5. Сколько стоит билет в Санкт-Петербург?

    A. Сто двадцать пять рублей.

    B. Двести пятьдесят рублей.

    C. Триста пятьдесят рублей.

第二节：（共 15 小题，每小题 1.5 分，满分 22.5 分）

听下面 5 段对话或独白。每段对话或独白后有几个小题，从题中所给的三个选项中选出最佳选项。听每段对话或独白前，你有时间阅读各个小题，每小题 5 秒钟。听完后，各小题给出 5 秒钟的作答时间。每段对话或独白读两遍。

听第 6 段材料，回答第 6、7 题。

6. Когда отходит поезд?

    A. В одиннадцать часов вечера.

    B. В одиннадцать часов утра.

    C. В двадцать часов.

7. С какой платформы отходит поезд?

    A. С пятой.   B. С четырнадцатой.   C. С четвёртой.

听第 7 段材料，回答第 8、9 题。

8. Где находится памятник Пушкину?

    A. На Пушкинской улице.

    B. На Пушкинской площади.

    C. На площади Ленина.

9. Как добраться до памятника Пушкину?

    A. На метро или на автобусе.

    B. На троллейбусе или на метро.

    C. На метро или пешком.

听第 8 段材料，回答第 10 ~ 12 题。

10. Кто с кем разговаривает?

    A. Сяо Лань с Еленой.

В. Сяо Лань с Ли Мином.

С. Ли Мин с учителем.

11. Сколько времени надо ехать на поезде в Пекин?

    А. Двенадцать часов.   В. Тринадцать часов.   С. Три часа.

12. В котором часу они приезжают в Пекин?

    А. В девять часов вечера.

    В. В девять часов утра.

    С. В двадцать часов тридцать минут.

听第 9 段材料，回答第 13 ～ 16 题。

13. Ли Мин и Нина были знакомы раньше?

    А. Да, они были знакомы.

    В. Нет, они были незнакомы.

    С. Из их разговора непонятно.

14. Кто дал Нине телефон Ли Мина?

    А. Лена.   В. Иван Петрович.   С. Друг Ли Мина.

15. Где они встретятся?

    А. В школе № 9.   В. В школе № 10.   С. В школе №19.

16. Как выглядит Нина?

    А. Она высокого роста. У неё светлые волосы, голубые глаза.

    В. Она низкого роста. На ней будет синее платье.

    С. Она среднего роста. У неё светлые волосы, голубые глаза.

听第 10 段材料，回答第 17 ～ 20 题。

17. Когда и где произошла эта история?

    А. Летом в парке.   В. Весной на улице.   С. Весной в парке.

18. Что увидел Миша, когда пошёл гулять?

    А. Красивых птиц.   В. Ярких бабочек.   С. Красивых животных.

19. Сколько бабочек увидел Миша?

    А. Трёх: красную, жёлтую и чёрную.

    В. Четырёх: красную, голубую, жёлтую и чёрную.

    С. Трёх: красную, жёлтую и голубую.

20. Почему Миша сказал, что бабочки умные?

    А. Потому что они красиво и свободно летают.

    В. Потому что они знают, как защищать себя от врагов.

    С. Потому что Мише нравятся бабочки, и у него хорошее настроение.

【参考答案】

1-5: CBCCA   6-10: ACBCB   11-15: BBBAB   16-20: CCBBB

 高考听力训练（十九）

本部分分两节，共20小题，每小题1.5分，共30分。做题时，先将答案标在试卷上。录音内容结束后，你将有两分钟的时间将试卷上的答案转写到答题纸上。

第一节：（共5个小题，每小题1.5分，满分7.5分）

听下面5段对话。每段对话后有一个小题，从题中所给的3个选项中选出最佳选项。听完每段对话后，你都有10秒钟的时间来回答有关小题并阅读下一小题。每段对话读一遍。

1. Кто уже сообщил, что собрания не будет?

    А. Учитель.   В. Директор.   С. Доктор.

2. Как Нина рисует?

    А. Так себе.   В. Нормально.   С. Отлично.

3. Куда мама с сыном пойдёт ?

    А. В кинотеатр.   В. В зоопарк.   С. В кино.

4. На сколько минут опоздает сын в школу?

    А. На 15 минут.   В. На 5 минут.   С. На 10 минут.

5. Который час сейчас?

    А. Двадцать первого.

    В. Двенадцать часов пятьдесят минут.

    С. Без двадцати час.

第二节：（共15小题，每小题1.5分，满分22.5分）

听下面5段对话或独白。每段对话或独白后有几个小题，从题中所给的三个选项中选出最佳选项。听每段对话或独白前，你有时间阅读各个小题，每小题5秒钟。听完后，各小题给出5秒钟的作答时间。每段对话或独白读两遍。

听第6段材料，回答第6、7题。

6. Откуда приехал друг Антона?

    А. Из Москвы.   В. Из Пекина.   С. Из деревни.

7. Кто кого с кем познакомил?

    А. Ли Хуа познакомила Антона с Андреем.

    В. Андрей познакомил Ли Хуа с Антоном.

    С. Антон познакомил Андрея с Ли Хуа.

听第 7 段材料，回答第 8、9 题。

8. Сколько человек остановилось в гостинице?

    A. 3 человека.   B. 5 человек.   C. 4 человека.

9. Сколько стоит номер на одного?

    A. 128 юаней.   B. 136 юаней.   C. 126 юаней.

听第 8 段材料，回答第 10 ～ 12 题。

10. Кто с кем встретился?

    A. Лена с Лидой.   B. Лена с Лилией.   C. Лилия с Лидой.

11. На сколько лет Лена старше своей сестры?

    A. На 4 года.   B. На 6 лет.   C. На 5 лет.

12. Куда поступила дочь Лены?

    A. В Московский университет на математический факультет.

    B. В Пекинский университет на физический факультет.

    C. В Московский университет на физический факультет.

听第 9 段材料，回答第 13 ～ 16 题。

13. Чья это комната?

    A. Ли Мина.   B. Стёпы.   C. Алёши.

14. На фото сколько человек?

    A. 3.   B. 4.   C. 5.

15. Что он делает в своей комнате?

    A. Поёт и танцует.

    B. Слушает музыку и делает уроки.

    C. Делает уроки и отдыхает.

16. Какая это комната?

    A. Чистая.   B. Светлая.   C. Не чистая.

听第 10 段材料，回答第 17 ～ 20 题。

17. Когда умер отец автора?

    A. Когда ему было 55 лет.

    B. Когда автору было 6 лет.

    C. Когда автору было 16 лет.

18. Как, по-твоему, бабушка относилась к внуку?

    A. Нормально, она с внуком часто разговаривала.

    B. Хорошо, потому что внук часто радовал её за хорошее поведение.

C. Хорошо, потому что она часто рассказывала внуку сказки и пела песни.

19. Что автор делал в войну?

    A. Он боролся с врагами за Родину и мир.

    B. Писал без цели, для себя, никому не показывал. Писал о детстве.

    C. Хотя он был на разных фронтах, но он продолжал писать что-нибудь.

20. Как ты думаешь, когда он стал писателем?

    A. Ещё в детстве.

    B. Когда началась война.

    C. Когда он вернулся с фронта.

【参考答案】

1-5: BCCCB　　　　　**6-10: ACCCC**　　　　**11-15: BCBBC**　　　　**16-20: ABCCC**

高考听力训练（二十）

本部分分两节，共 20 小题，每小题 1.5 分，共 30 分。做题时，先将答案标在试卷上。录音内容结束后，你将有两分钟的时间将试卷上的答案转写到答题纸上。

第一节：（共 5 个小题，每小题 1.5 分，满分 7.5 分）

听下面 5 段对话。每段对话后有一个小题，从题中所给的 3 个选项中选出最佳选项。听完每段对话后，你都有 10 秒钟的时间来回答有关小题并阅读下一小题。每段对话读一遍。

1. Где был Юра вчера вечером?

    A. В парке.   B. В баре (酒吧).   C. У дедушки.

2. Что рисует Зоя?

    A. Она рисует зверей.   B. Она рисует зарю.   C. Она рисует звёзду.

3. Когда дедушку Нины положили в больницу?

    A. Во вторник вечером.   B. В субботу вечером.   C. В субботу утром.

4. Где карандаш учителя?

    A. В сумке.   B На столе.   C. Не знаю.

5. Сколько стоит бифштекс?

    A. 25 рублей.   B. 50 рублей.   C. 10 рублей.

第二节：（共 **15** 小题，每小题 **1.5** 分，满分 **22.5** 分）

听下面 5 段对话或独白。每段对话或独白后有几个小题，从题中所给的三个选项中选出最佳选项。听每段对话或独白前，你有时间阅读各个小题，每小题 5 秒钟。听完后，各小题给出 5 秒钟的作答时间。每段对话或独白读两遍。

<u>听第 6 段材料，回答第 6、7 题。</u>

6. Где учился брат Лилии?

A. В Московском университете.

B. В Пекинском университете танца.

C. В университете в Харбине.

7. Сколько месяцев Лилия будет в Китае?

A. 9 месяцев.　　　　　B. 8 месяцев.　　　　　C. 6 месяцев.

<u>听第 7 段材料，回答第 8、9 题。</u>

8. Где происходит этот разговор?

A. В Москве.　　　　　B. В Пекине.　　　　　C. В Шанхае.

9. Как туристы поедут на площадь и во дворец?

A. На метро.　　　　　B. На автобусе.　　　　　C. На троллейбусе.

<u>听第 8 段材料，回答第 10 ～ 12 题。</u>

10. Где происходит этот разговор?

A. В порту.　　　　　B. На вокзале.　　　　　C. В аэропорту.

11. Откуда приехали гости?

A. Из Москвы.　　　　　B. Из Санкт-Петербурга.　　　　　C. Из Владивостока.

12. Как они поедут в город ?

A. На метро.　　　　　B. На машине.　　　　　C. На такси.

<u>听第 9 段材料，回答第 13 ～ 16 题。</u>

13. Кто с кем разговаривает по телефону?

A. Олег с дядей Иваном.　　　　　B. Аня с дядей Иваном.　　　　　C. Олег с Аней.

14. Где сейчас Аня?

A. У девушки.　　　　　B. У дедушки.　　　　　C. У бабушки.

15. Когда позвонил юноша?

A. В Шесть часов утра.　　　　　B. В Семь часов вечера.　　　　　C. В Шесть часов вчера.

16. Какой номер телефона оставил молодой человек?

A. 683-86-96.　　　　　B. 638-86-69.　　　　　C. 638-68-96.

听第 10 段材料，回答第 17 ~ 20 题。

17. Борис был раньше в Москве?

    A. Не был.   B. Был.   C. Часто бывает.

18. Кем будет Борис?

    A. Физиком.   B. Врачом.   C. Геологом.

19. Где находится Московский университет?

    A. В Кремле.   B. На Воробьёвых горах.   C. На площади Пушкина.

20. Кто создал Московский университет?

    A. Михаил Васильевич Ломоносов.

    B. Николай Васильевич Ломоносов.

    C. Александр Васильевич Ломоносов.

【参考答案】

1-5: BCCCA   6-10: BCBBA   11-15: BBABB   16-20: BACBA

 高考听力训练（二十一）

本部分分两节，共 20 小题，每小题 1.5 分，共 30 分。做题时，先将答案标在试卷上。录音内容结束后，你将有两分钟的时间将试卷上的答案转写到答题纸上。

第一节：（共 5 个小题，每小题 1.5 分，满分 7.5 分）

听下面 5 段对话。每段对话后有一个小题，从题中所给的 3 个选项中选出最佳选项。听完每段对话后，你都有 10 秒钟的时间来回答有关小题并阅读下一小题。每段对话读一遍。

1. Какой автобус идёт на улицу Чехова?

    A. 18-й автобус.   B. 8-й автобус.   C. Этот автобус.

2. К кому обращается мальчик?

    A. К бабушке.   B. К маме.   C. К сестре.

3. Какая сегодня погода?

    A. Хорошая.   B. Холодная.   C. Прохладная.

4. Где идёт этот разговор?

    A. В магазине.   B. В ресторане.   C. В школе.

5. На чём Олег ездит в университет?

    A. На автобусе.   B. На троллейбусе.   C. На трамвае и на метро.

第二节：（共 15 小题，每小题 1.5 分，满分 22.5 分）

听下面 5 段对话或独白。每段对话或独白后有几个小题，从题中所给的三个选项中选出最佳选项。听每段对话或独白前，你有时间阅读各个小题，每小题 5 秒钟。听完后，各小题给出 5 秒钟的作答时间。每段对话或独白读两遍。

听第 6 段材料，回答第 6、7 题。

6. На чём Анна поехала в поликлинику?

    A. На автобусе.   B. На машине.   C. На метро.

7. Куда пошёл Марк?

    A. В кабинет.   B. В поликлинику.   C. На почту.

听第 7 段材料，回答第 8、9 题。

8. Сколько Нине было лет, когда она пошла учиться в школу?

    A. Шесть лет.   B. Семь лет.   C. Восемь лет.

9. Сколько лет Алёша учился в начальной школе?

    A. Пять лет.   B. Четыре года.   C. Шесть лет.

听第 8 段材料，回答第 10 ~ 12 题。

10. Кого Лена хочет взять с собой в горы?

    A. Автора.   B. Антона.   C. Лю Ли.

11. Кто хорошо поёт и играет на гитаре?

    A. Антон.   B. Лю Ли.   C. Лена.

12. Когда они встречаются на старом месте?

    A. В 9 часов.   B. В 10 часов.   C. В 11часов.

听第 9 段材料，回答第 13 ~ 16 题。

13. Как фамилия молодого человека?

    A. Петров.   B. Петрова.   C. Петровна.

14. Как зовут девушку?

    A. Николай Иванович Петров.

    B. Ольга Сергеевна Петрова.

    C. Анна Ивановна Петрова.

15. Кто работает на заводе? А кто работает в поликлинике?

    A. Девушка работает на заводе.

    B. Молодой человек работает в поликлинике.

    C. Молодой человек работает на заводе, а девушка работает в поликлинике.

16. Где живёт этот гражданин?

    A. В Киеве.

    B. На проспекте мира.

    C. В квартире 26, доме 8, на Комсомольском проспекте Москвы.

听第 10 段材料，回答第 17 ~ 20 题。

17. Что случилось однажды?

    A. В доме произошёл пожар.

    B. В доме произошёл бой.

    C. В доме произошла борьба.

18. Почему женщина заплакала, когда приехали пожарные?

    A. Потому что в доме осталась двухлетняя девочка.

    B. Потому что в доме осталась трёхлетняя девочка.

    C. Потому что в доме остался двухлетний мальчик.

19. Как собака помогала женщине?

    A. Собака спасла её сына женщины из огня.

    B. Собака спасла её дочь женщины из огня.

    C. Собака спасла куклу из огня.

20. Зачем собака второй раз побежала в дом?

    A. Чтобы спасти женщину.

    B. Чтобы спасти мужчину.

    C. Чтобы спасти куклу.

【参考答案】

1-5: AACBC	6-10: BAAAB	11-15: ABABC	16-20: CAABC

 高考听力训练（二十二）

本部分分两节，共 20 小题，每小题 1.5 分，共 30 分。做题时，先将答案标在试卷上。录音内容结束后，你将有两分钟的时间将试卷上的答案转写到答题纸上。

第一节：（共 5 个小题，每小题 1.5 分，满分 7.5 分）
听下面 5 段对话。每段对话后有一个小题，从题中所给的 3 个选项中选出最佳选项。听完每段对话后，你都有 10 秒钟的时间来回答有关小题并阅读下一小题。每段对话读一遍。

1. Сколько стоит авиаконверт?

    A. 51 копейка.   B. 5 копеек.   C. 55 копеек.

2. Когда приходит поезд из Киева?

    A. В 9 часов вечера.   B. В 9 часов утра.   C. В 10 часов вечера.

3. Куда идёт Маша?

    A. На площадку.   B. В кабинет.   C. В банк.

4. Что делает сейчас Вера?

    A. Пишет сочинение.   B. Пишет диссертацию.   C. Пишет статью.

5. За кого Лена выходит замуж?

    A. За официанта.   B. За офицера.   C. За инженера.

第二节：（共 15 小题，每小题 1.5 分，满分 22.5 分）

听下面 5 段对话或独白。每段对话或独白后有几个小题，从题中所给的三个选项中选出最佳选项。听每段对话或独白前，你有时间阅读各个小题，每小题 5 秒钟。听完后，各小题给出 5 秒钟的作答时间。每段对话或独白读两遍。

听第 6 段材料，回答第 6、7 题。

6. Как выглядит друг Аси?

    A. Он высокий и стройный.

    B. Он стройный, но невысокий.

    C. Он высокий и худой.

7. Какой он человек?

    A. Он добрый и весёлый.

    B. Он вежливый, но неаккуратный.

    C. Он добрый и вежливый, но иногда неаккуратный.

听第 7 段材料，回答第 8、9 题。

8. Кто приехал к ребятам в гости?

    A. Японские туристы.   B. Английские туристы.   C. Русские туристы.

9. Что такое Родина?

    A. Это родная земля.

    B. Это мать.

    C. Это место, где ты родился, где ты живёшь со своими родителями.

听第 8 段材料，回答第 10 ~ 12 题。

10. Куда ходит Иван Петрович?

    A. В лес.   B. За город, в лес и на реку.   C. На реку.

11. Что любит делать Иван Петрович весной?

    A. Любит гулять по полю.

B. Любит гулять по лесу.

C. Любит гулять по парку.

12. Где был Иван Петрович в прошлое воскресенье?

A. Он ездил в горы.   B. Он ездил в Горки.   C. Он ездил в город.

听第 9 段材料，回答第 13 ～ 16 题。

13. Кто болеет?

A. Алёша.   B. Сяолун.   C. Автор.

14. Кто с кем играл в баскетбол?

A. Класс Сяолуна с десятым классом.

B. Класс Сяолуна с девятым классом.

C. Их класс с восьмым.

15. С каким счётом проиграл класс Сяолуна?

A. Со счётом 20:37.   B. Со счётом 20:38.   C. Со счётом 20:18.

16. Почему класс Сяолуна проиграл?

A. Так как капитан заболел.

B. Так как Алёша не участвовал в соревнованиях.

C. Так как ребята опоздали.

听第 10 段材料，回答第 17 ～ 20 题。

17. Какова природа?

A. Природа красива и широка.

B. Природа красива и богата.

C. Природа красива и чистая.

18. Какое значение имеет воздух в жизни человека?

A. Без него не может жить человек.

B. Без него не могут жить животные.

C. Без него не могут жить ни люди, ни животные, ни растения.

19. Откуда человек берёт металл, нефть, уголь?

A. Из пластмассы.

B. Из земли.

C. Из планеты.

20. Бесконечны ли эти богатства, и как их должен использовать человек?

A. Нет, человек должен их беречь и использовать правильно.

B. Нет, человек должен использовать щедро.

C. Нет, человек должен использовать жадно.

高考听力训练（二十三）

本部分分两节，共 20 小题，每小题 1.5 分，共 30 分。做题时，先将答案标在试卷上。录音内容结束后，你将有两分钟的时间将试卷上的答案转写到答题纸上。

第一节：（共 5 个小题，每小题 1.5 分，满分 7.5 分）

听下面 5 段对话。每段对话后有一个小题，从题中所给的 3 个选项中选出最佳选项。听完每段对话后，你都有 10 秒钟的时间来回答有关小题并阅读下一小题。每段对话读一遍。

1. Какого числа начнёт работать новая электростанция ?

　A. Шестого марта.　　　　B. Четвертого мая.　　　　C. Третьего августа.

2. Игорь и Володя старые друзья?

　A. Нет, они только сейчас знакомятся.

　B. Нет, они познакомились месяц назад.

　C. Да, они старые друзья.

3. Сколько сейчас времени?

　A. 9:35.　　　　B. 9:10.　　　　C. 9:45.

4. Кем работает брат Иры?

　A. Директором школы.　　　　B. Учителем математики.　　　　C. Учителем физики.

5. Сколько Лёше будет лет, когда он окончит школу?

　A. 16 лет.　　　　B. 17 лет.　　　　C.18 лет.

第二节：（共 15 小题，每小题 1.5 分，满分 22.5 分）

听下面 5 段对话或独白。每段对话或独白后有几个小题，从题中所给的三个选项中选出最佳选项。听每段对话或独白前，你有时间阅读各个小题，每小题 5 秒钟。听完后，各小题给出 5 秒钟的作答时间。每段对话或独白读两遍。

听第 6 段材料，回答第 6、7 题。

6. Кто сюда приехал?

　A. Студенты из Москвы.

　B. Врачи из Пекина.

　C. Специалисты из Пекина.

7. Когда они приехали?

　A. 7 дней назад.　　　　B. 5 дней назад.　　　　C.6 дней назад.

听第 7 段材料，回答第 8、9 题。

8. Что будет делать вечером Сергей?

A. Будет читать сказки Пушкина.

B. Будет читать рассказы Гоголя.

C. Будет читать рассказы Чехова.

9. Что будут делать Митя и Володя?

A. Они будут рисовать.

B. Они будут читать вслух.

C. Не знаю.

听第 8 段材料，回答第 10 ~ 12 题。

10. Куда идут ребята?

A. На реку.   B. На озеро.   C. К морю.

11. Кто плавает в холодную погоду?

A. Смелые люди.   B. Слабые люди.   C. Трудолюбивые люди.

12. Кто такой Алексей Фёдорович?

A. Он учитель.   B. Он инженер.   C. Он учёный.

听第 9 段材料，回答第 13 ~ 16 题。

13. Где, по-вашему, происходит разговор?

A. На почте.   B. В школе.   C. На улице.

14. Какая открытка понравилась русскому?

A. Открытка на русском языке.

B. Открытка с видом Пекина.

C. Новогодняя открытка.

15. Сколько стоит десять открыток?

A. 20 юаней.   B. 10 юаней.   C. 15 юаней.

16. Где продают конверты и марки?

A. В пятом окне.   B. В третьем окне.   C. В четвёртом окне.

听第 10 段材料，回答第 17 ~ 20 题。

17. Где часто проводятся (举行) международные олимпиады школьников по русскому языку?

A. В Америке.   B. В Москве.   C. В Финляндии.

18. Что делают на олимпиаде участники (参加者)?

A. Они поют русские песни.

B. Они смотрят русские фильмы.

С. Они ведут беседы на разные темы, отвечают на вопросы.

19. Сколько школьников участвовало в третьей международной олимпиаде?

   A. 160 школьников из 27 стран.

   B. 243 школьника из 31 страны.

   C. 350 школьников из 39 стран.

20. Каких тем не бывает на олимпиаде по русскому языку?

A. «Русское кино».   B. «Спорт в России».   C. «У карты Китая».

【参考答案】

1-5: CAABC   **6-10:** CAACA   **11-15:** AAABB   **16-20:** BBCBC

 高考听力训练（二十四）

本部分分两节，共20小题，每小题1.5分，共30分。做题时，先将答案标在试卷上。录音内容结束后，你将有两分钟的时间将试卷上的答案转写到答题纸上。

第一节：（共**5个小题**，每小题**1.5分**，满分**7.5分**）
听下面5段对话。每段对话后有一个小题，从题中所给的3个选项中选出最佳选项。听完每段对话后，你都有10秒钟的时间来回答有关小题并阅读下一小题。每段对话读一遍。

1. Сколько сегодня градусов?

   A. 5 – 6 градусов.   B. 5 – 7 градусов.   C. 5 – 8 градусов.

2. Сколько в журнале страниц?

   A. 40 страниц.   B. 14 страниц.   C. 44 страниц.

3. Кто сидит здесь?

   A. Юра и Саша.   B. Юра и Маша.   C. Юра и Яша.

4. Что Анна делала вчера?

   A. Встречала брата.

   B. Встречала сестру.

   C. Встречала Анну и Петровну.

5. Зачем мы учимся?

   A. Чтобы строить нашу страну.

   B. Чтобы строить наш город.

   C. Чтобы строить школу.

第二节：（共 15 小题，每小题 1.5 分，满分 22.5 分）

听下面 5 段对话或独白。每段对话或独白后有几个小题，从题中所给的三个选项中选出最佳选项。听每段对话或独白前，你有时间阅读各个小题，每小题 5 秒钟。听完后，各小题给出 5 秒钟的作答时间。每段对话或独白读两遍。

听第 6 段材料，回答第 6、7 题。

6. Когда будет свободна Нина?

    A. В понедельник.   B. Во вторник.   C. В среду.

7. Где будет Нина в среду?

    A. В школе.   B. Дома.   C. У друга.

听第 7 段材料回答第 8、9 题。

8. Что просит этот человек?

    A. Журнал «Наука и техника».

    B. Журнал «Наука и жизнь».

    C. Журнал «Наука и спорт».

9. Какой номер ему нужен?

    A. Апрельский журнал за 1983.

    B. Октябрьский журнал за 1984.

    C. Февральский журнал за 1985.

听第 8 段材料回答第 10 ～ 12 题。

10. Какие соревнования будут завтра?

    A. Будут соревнования по волейболу.

    B. Будут соревнования по футболу.

    C. Будут соревнования по хоккею.

11. Что предлегает Яша Лиде?

    A. Пойти на стадион.

    B. Посмотреть волейбол по телевизору.

    C. Посмотреть соревнования в школе.

12. Чего боится Яша?

    A. Он боится, что его команда может проиграть.

    B. Он боится, что будет дождь.

    C. Он боится, что заболеет капитан.

13. Почему Шура приглашает Надю к себе в субботу?

    A. Потому что у Шуры будет день рождения.

    B. Потому что Шура давно её не видел.

    C. Потому что Надя хочет увидеть его друзей.

14. Кто увлекается гитарой?

    A. Ира.   B. Надя.   C. Витя.

15. Кто хорошо поёт?

    A. Яша.   B. Ира.   C. Надя.

16. Кто возьмёт с собой фотоаппарат?

    A. Надя.   B. Яша.   C. Ира.

17. Кто выступал однажды на концерте со своими стихами?

    A. Русский поэт Пушкин.

    B. Советский поэт Маяковский.

    C. Известный поэт Лермонтов.

18. Что спросил поэт, когда кончил читать стихи?

    A. Кто не придёт в следующий раз слушать мои стихи?

    B. Кто в следующий раз будет читать стихи?

    C. Кому не понравились мои стихи?

19. Почему молодой человек не придёт слушать стихи поэта?

    A. Потому что ему не нравятся стихи.

    B. Потому что он уезжает по делам.

    C. Потому что он уезжает из Москвы домой.

20. Куда поедет поэт?

    A. В Ленинград.   B. В Москву.   C. В Киев.

【参考答案】

1-5: BACAA   **6-10:** CBAAA   **11-15:** CAACB   **16-20:** ABACA

高考听力训练（二十五）

本部分分两节，共 20 小题，每小题 1.5 分，共 30 分。做题时，先将答案标在试卷上。录音内容结束后，你将有两分钟的时间将试卷上的答案转写到答题纸上。

第一节：（共 5 个小题，每小题 1.5 分，满分 7.5 分）
听下面 5 段对话。每段对话后有一个小题，从题中所给的 3 个选项中选出最佳选项。听完每段对话后，你都有 10 秒钟的时间来回答有关小题并阅读下一小题。每段对话读一遍。

1. Настя играет на музыкальном инструменте?

   A. Да, она играет на рояле.

   B. Нет, ни на каких музыкальных инструментах она не играет.

   C. Да, она играет на пианино.

2. Как провела каникулы Зина?

   A. Она ходила в поход, а потом сидела дома.

   B. Она уехала к бабушке на всё лето.

   C. Сначала ходила в туристический поход, потом уехала к бабушке.

3. Какие предметы учат русские школьники?

   A. Литературу и математику.

   B. Иностранный язык и физику.

   C. Литературу, математику, иностранный язык, физику и другие предметы.

4. Кто хвалит статью Гали?

   A. Родители.   B. Друзья.   C. Газета.

5. Сколько стоит одна роза?

   A. 100 рублей.   B. 150 рублей.   C. 15 рублей.

第二节：（共 15 小题，每小题 1.5 分，满分 22.5 分）
听下面 5 段对话或独白。每段对话或独白后有几个小题，从题中所给的三个选项中选出最佳选项。听每段对话或独白前，你有时间阅读各个小题，每小题 5 秒钟。听完后，各小题给出 5 秒钟的作答时间。每段对话或独白读两遍。

听第 6 段材料，回答第 6、7 题。

6. С чем идёт Андрей на день рождения учителя?

   A. С цветами.   B. С книгой.   C. С тортом.

7. Куда идёт Маша?

   A. К Андрею.   B. К другу.   C. К учителю.

8. Когда прошёл первый поезд Московского метро?

    A. Более 50 лет назад.

    B. Более 70 лет назад.

    C. Более 60 лет назад.

9. Сколько часов в день работает метро?

    A. 17 часов.   B. 18 часов.   C. 19 часов.

听第 8 段材料回答第 10 ～ 12 题。

10. Кто с кем разговаривает?

    A. Володя с Мишей.   B. Володя с Машей.   C. Володя с Митей.

11. Как надо работать на БАМе?

    A. Работать в дружбе и согласии.

    B. Работать хорошо.

    C. Работать обычно.

12. Откуда приехала девушка?

    A. Из Москвы.   B. Из Минска.   C. Из Ростова.

听第 9 段材料回答第 13 ～ 16 题。

13. Каким видом спорта занимается Вася?

    A. Баскетболом.   B. Плаванием.   C. Боксом.

14. Какое место на городских соревнованиях заняла команда Васи?

    A. Третье место.   B. Второе место.   C. Первое место.

15. Кто такой Павел?

    A. Друг автора.   B. Друг Васи.   C. Брат Васи.

16. Чем увлекается Павел?

    A. Он занимается плаванием.

    B. Он занимается волейболом..

    C. Он не занимается спортом. Он просто болельщик.

听第 10 段材料回答第 17 ～ 20 题。

17. Куда сын уехал в командировку?

    A. В Москву.   B. В Санкт-Петербург.   C. За границу.

18. С кем осталась его мать?

    A. С бабушкой.   B. С внуком.   C. Она осталась одна.

19. Кто пришёл к матери накануне Нового года?

    A. Врач сына.   B. Товарищ сына.   C. Друг матери.

20. Что он передал матери от сына?

    A. Магнитофон.   B. Деньги.   C. Цветы.

【参考答案】

1-5: BCCCA   6-10: CBBCB   11-15: AAACB   16-20: CCCBA

 高考听力训练（二十六）

本部分分两节，共 20 小题，每小题 1.5 分，共 30 分。做题时，先将答案标在试卷上。录音内容结束后，你将有两分钟的时间将试卷上的答案转写到答题纸上。

第一节：（共 5 个小题，每小题 1.5 分，满分 7.5 分）

听下面 5 段对话。每段对话后有一个小题，从题中所给的 3 个选项中选出最佳选项。听完每段对话后，你都有 10 秒钟的时间来回答有关小题并阅读下一小题。每段对话读一遍。

1. На чём нужно ехать в центр?

    A. На метро.   B. На автобусе.   C. На трамвае.

2. Чья рубашка висит в шкафу?

    A. Рубашка отца.   B. Рубашка сына.   C. Рубашка брата.

3. Как бегает учитель?

    A. Быстро.   B. Медленно.   C. Не очень быстро.

4. На кого похож Петя?

    A. На дядю по отцу.   B. На дядю по матери.   C. На брата отца.

5. Что будет пить Лена?

    A. Молоко.   B. Чай.   C. Воду.

第二节：（共 15 小题，每小题 1.5 分，满分 22.5 分）

听下面 5 段对话或独白。每段对话或独白后有几个小题，从题中所给的三个选项中选出最佳选项。听每段对话或独白前，你有时间阅读各个小题，每小题 5 秒钟。听完后，各小题给出 5 秒钟的作答时间。每段对话或独白读两遍。

听第 6 段材料，回答第 6、7 题。

6. К кому обращается Ли Мин?

    A. К доктору.   B. К директору.   C. К Научному руководителю.

7. Где Ли Мин слышал о Николае Борисовиче?

    A. У себя в институте.   B. В своей школе.   C. У себя на родине.

听第 7 段材料回答第 8、9 题。

8. Сколько стоит эта собака?

    A. 100 рублей.   B. 200 рублей.   C. 800 рублей.

9. Почему собаку продают во второй раз?

    A. Она очень дорогая.

    B. Она очень дешевая.

    C. Она всегда возвращается к своему хозяину.

听第 8 段材料回答第 10 ~ 12 题。

10. Чем занимается Юра?

    A. Учит русский язык.   B. Учит математику.   C. Учит китайский язык.

11. Кто преподаёт язык у Юры?

    A. Ольга.   B. Саша.   C. Оля.

12. Что необходимо записывать на занятиях?

    A. Слова.   B. Диалоги.   C. Самое главное.

听第 9 段材料回答第 13 ~ 16 题。

13. Была ли Марина в Большом театре?

    A. Да.   B. Нет.   C. Неизвестно.

14. Сколько билетов у Максима?

    A. 2.   B. 3.   C. 4.

15. Что Марина любит больше всего?

    A. Оперу.   B. Балет.   C. Неизвестно.

16. Когда Марина пойдёт в Большой театр?

    A. Завтра вечером.   B. Сегодня вечером.   C. Завтра утром.

听第 10 段材料回答第 17 ~ 20 题。

17. Где случилась ужасная ошибка?

    A. В деревне.   B. На вокзале.   C. В большом городе.

18. Когда врач понял свою ошибку?

    A. Когда больной уже ушёл из больницы.

    B. Когда больной уже принял лекарство.

    C. Когда лекарство ещё не выдали большому.

19. Почему трудно было найти этого больного?

    A. Потому что в больнице не знали его фамилии.

    B. Потому что в больнице знали только его фамилии.

    C. Потому что врач не хотел его искать.

20. Как же всё-таки нашли этого человека?

    A. Об ошибке сообщили по радио.

    B. Об ошибке сообщили по телевизору.

    C. Врачи передавали это сообщение друг другу.

【参考答案】

1-5: ABABB　　　　**6-10: CCBCA**　　　　**11-15: ACBAB**　　　　**16-20: BCABA**

 高考听力训练（二十七）

本部分分两节，共 20 小题，每小题 1．5 分，共 30 分。做题时，先将答案标在试卷上。录音内容结束后，你将有两分钟的时间将试卷上的答案转写到答题纸上。

第一节：（共 **5** 个小题，每小题 **1.5** 分，满分 **7.5** 分）
听下面 5 段对话。每段对话后有一个小题，从题中所给的 3 个选项中选出最佳选项。听完每段对话后，你都有 10 秒钟的时间来回答有关小题并阅读下一小题。每段对话读一遍。

1. Чья это энциклопедия?

    A. Ирины Петровны.　　　　B. Галины Петровны.　　　　C. Ирины Сергеевны.

2. Где живут друзья Ларисы?

    A. В 26-й квартире.　　　　B. В 28-й квартире.　　　　C. В 16-й квартире.

3. С кем Андрей встретился в Красноярске?

    A. Со своими родственниками.

    B. Со своими друзьями.

    C. Со своими братьями.

4. В каком городе происходит разговор?

    A. В Санкт-Петербурге.　　　　B. В Москве.　　　　C. В Пекине.

5. Сколько лет Маше?

    A. Ей 6 лет.　　　　B. Ей 4 лет.　　　　C. Ей 5 лет.

第二节: (共 **15** 小题, 每小题 **1.5** 分, 满分 **22.5** 分)

听下面 5 段对话或独白。每段对话或独白后有几个小题, 从题中所给的三个选项中选出最佳选项。听每段对话或独白前, 你有时间阅读各个小题, 每小题 5 秒钟。听完后, 各小题给出 5 秒钟的作答时间。每段对话或独白读两遍。

听第 6 段材料, 回答第 6、7 题。

6. Сколько сыновей у этого человека?

    A. Два сына.   B. Три сына.   C. Четыре сына.

7. На сколько лет один сын старше другого?

    A. На 15 лет.   B. На 14 лет.   C. На 16 лет.

听第 7 段材料, 回答第 8、9 题。

8. Что друзья купили Денисову?

    A. Пластинку.

    B. Меховую (皮的) шапку.

    C. Фотоаппарат.

9. Где продают фотоаппараты?

    A. На третьем этаже.   B. На первом этаже.   C. На втором этаже.

听第 8 段材料, 回答第 10 ~ 12 题。

10. Какой завтра будет день?

    A. Суббота.

    B. Воскресенье.

    C. Пятница.

11. Какая завтра будет погода?

    A. Хорошая погода, будет жарко, дождя не будет.

    B. Плохая погода, будет холодно, дождь.

    C. Будет пасмурная (阴天的) погода. Дождя не будет.

12. Где друзья решили провести выходной день?

    A. За городом.   B. В парке.   C. Дома.

听第 9 段材料, 回答第 13 ~ 16 题。

13. Почему Наташа много занимается?

    A. Чтобы хорошо сдать экзамены и получить хороший аттестат.

    B. У неё хорошее настроение.

    C. Она готовится к защите диссертации.

14. На сколько времени Наташа поедет к бабушке?

    A. На две недели.   B. На неделю.   C. На 10 дней.

15. Что Наташа будет делать в июле?

    A. Заниматься.

    B. Поедет к бабушке.

    C. Сдавать вступительные экзамены.

16. Когда она будет сдавать вступительные экзамены?

    A. В июле.   B. В августе.   C. В июне.

听第 10 段材料，回答第 17 ～ 20 题。

17. Где был автор?

    A. В турпоходе (旅行) на Урале.

    B. С группой туристов в Польше.

    C. В строительном отряде в Сибири.

18. Куда ходили каждый день ребята?

    A. В лес за грибами и ягодами.

    B. На охоту, на рыбалку.

    C. В деревню.

19. А куда ходили девушки?

    A. На рыбалку.   B. В лес за грибами и ягодами.   C. В лес за цветами.

20. Что автор привёз своим друзьям?

    A. Фильм о походе.

    B. Открытки с видами Урала.

    C. Фотографии с видами Урала.

【参考答案】

1-5: AABBC   **6-10:** ACCBB   **11-15:** AAABA   **16-20:** BABBA

 高考听力训练（二十八）

本部分分两节，共 20 小题，每小题 1.5 分，共 30 分。做题时，先将答案标在试卷上。录音内容结束后，你将有两分钟的时间将试卷上的答案转写到答题纸上。

第一节：（共 5 个小题，每小题 1.5 分，满分 7.5 分）

听下面 5 段对话。每段对话后有一个小题，从题中所给的 3 个选项中选出最佳选项。听完每段对话后，你都有 10 秒钟的时间来回答有关小题并阅读下一小题。每段对话读一遍。

1. Сколько времени летит самолёт в Петербург?

    A. 60 минут.   B. 55 минут.   C. 50 минут.

2. Что болит у Игоря?

    A. Голова.   B. Рука.   C. Нога.

3. Когда уходит поезд в Санкт-Петербург?

    A. Днём.   B. Вечером.   C. Утром.

4. Какие уроки сегодня у Иры?

    A. Уроки физкультуры, английского языка, химии.

    B. Уроки английского языка, физики, химии.

    C. Уроки физкультуры, географии, английского языка.

5. Почему Петя не включает телевизор?

    A. Потому что Оля не выполнила задания.

    B. Потому что он не любит смотреть телевизор.

    C. Потому что ему не разрешают включать телевизор.

第二节：（共 **15** 小题，每小题 **1.5** 分，满分 **22.5** 分）
听下面 5 段对话或独白。每段对话或独白后有几个小题，从题中所给的三个选项中选出最佳选项。听每段对话或独白前，你有时间阅读各个小题，每小题 5 秒钟。听完后，各小题给出 5 秒钟的作答时间。每段对话或独白读两遍。

听第 **6** 段材料，回答第 **6、7** 题。

6. Когда Никита Николаевич уезжает из Москвы?

    A. Через два дня.   B. Послезавтра.   C. Завтра.

7. Почему Мария приглашает Никиту Николаевича к себе в гости?

    A. К ней придут старые друзья.

    B. У неё день рождения.

    C. Она получила новую квартиру.

听第 **7** 段材料，回答第 **8、9** 题。

8. Что хочет купить покупатель?

    A. Рубашку.   B. Шапку.   C. Ботинки.

9. Какого размера шапку он купил?

    A. Пятьдесят седьмого.

    B. Пятьдесят девятого.

    C. Пятьдесят восьмого.

听第 **8** 段材料，回答第 **10 ～ 12** 题。

10. Когда Таня работает завтра?

    A. В первой половине дня.   B. Во второй половине дня.   C. Вечером.

11. Куда они с подругой хотели бы съездить?

    A. В магазин за подарками.   B. В буфет за хлебом.   C. На почту за марками.

12. В котором часу они договорились встретиться?

    A. В 2 часа 45 минут.   B. В 13 часов 45 минут.   C. Без четверти четыре.

听第 9 段材料，回答第 13 ~ 16 题。

13. Где живёт брат Ани с семьёй?

    A. В Сибири, в городе Хабаровске.

    B. В Украине, в городе Харькове.

    C. В Украине, в городе Киеве.

14. Какая специальность у её брата?

    A. Хирургия.   B. Химия.   C. Физика.

15. Кем работает его жена?

    A. Врачом.   B. Учительницей.   C. Техником.

16. Где живут их дети?

    A. В Новосибирске.   B. В Хабаровске.   C. В Харькове.

听第 10 段材料，回答第 17 ~ 20 题。

17. Сколько времени отца Лены не было дома?

    A. Почти 60 дней.   B. Полтора месяца.   C. Три месяца.

18. В котором часу они получили телеграмму от отца?

    A. 20 минут четвёртого.

    B. В 15 часов 25 минут.

    C. В половине четвёртого.

19. Когда отец Лены прилетит в Москву?

    A. В 4 часа 35 минут дня.

    B. В 15 часов 35 минут.

    C. Без десяти пять.

20. Кто поедет встречать папу?

    A. Мама.   B. Мама и Лена.   C. Брат.

【参考答案】

1-5: BCBCA   **6-10:** ABBAA   **11-15:** ABBBC   **16-20:** CABAB

高考听力训练（二十九）

本部分分两节，共 20 小题，每小题 1.5 分，共 30 分。做题时，先将答案标在试卷上。录音内容结束后，你将有两分钟的时间将试卷上的答案转写到答题纸上。

第一节：（共 5 个小题，每小题 1.5 分，满分 7.5 分）
听下面 5 段对话。每段对话后有一个小题，从题中所给的 3 个选项中选出最佳选项。听完每段对话后，你都有 10 秒钟的时间来回答有关小题并阅读下一小题。每段对话读一遍。

1. Что Олег вчера смотрел?
   A. Фильм «Ты у меня одна».
   B. Фильм «Гроза».
   C. Балет «Лебединое озеро».

2. Когда отходит поезд?
   A. В 20 часов.   B. В 12 часов.   C. В 2 часа.

3. Как Нина себя чувствует сейчас?
   A. Плохо.   B. Не очень хорошо.   C. Уже хорошо.

4. Сколько детей у Ирины Викторовны и Ивана Ивановича?
   A. Двое.   B. Трое.   C. Один ребёнок.

5. Сколько времени продолжается перерыв в библиотеке?
   A. Два часа.   B. Полтора часа.   C. Час.

第二节：（共 15 小题，每小题 1.5 分，满分 22.5 分）
听下面 5 段对话或独白。每段对话或独白后有几个小题，从题中所给的三个选项中选出最佳选项。听每段对话或独白前，你有时间阅读各个小题，每小题 5 秒钟。听完后，各小题给出 5 秒钟的作答时间。每段对话或独白读两遍。

听第 6 段材料，回答第 6、7 题。

6. Кто закончил работу?
   A. Надя.   B. Толя.   C. Надя и Толя.

7. Куда пойдут Толя и Надя?
   A. В театр.   B. В парк.   C. В кино.

听第 7 段材料，回答第 8、9 题。

8. Сколько часов работает магазин каждый день?
   A. 8 часов.   B. 9 часов.   C. 10 часов.

9. Когда закрывается магазин?

    A. В 7 часов утра.   B. В 7 часов вечера.   C. В 10 часов утра.

听第 8 段材料，回答第 10 ~ 12 题。

10. На чём можно доехать до вокзала?

    A. На трамвае и автобусе.

    B. На троллейбусе и автобусе.

    C. И на трамвае, и на троллейбусе, и на автобусе.

11. На чём говорящие поедут на вокзал?

    A. На троллейбусе.   B. На трамвае.   C. На автобусе.

12. Как долго надо ехать до вокзала?

    A. 20 минут.   B. 10 минут.   C. 30 минут.

听第 9 段材料，回答第 13 ~ 16 题。

13. Кто кого приглашает в кино?

    A. Аня Колю.   B. Аня Алёшу.   C. Алёша Колю.

14. Кто из них уже посмотрел этот фильм?

    A. Аня.   B. Коля.   C. Олег.

15. Кто ещё не видел этого фильма?

    A. Олег.   B. Коля.   C. Алёша.

16. Когда Аня пойдёт в кино?

    A. Утром.   B. Днём.   C. Вечером.

听第 10 段材料，回答第 17 ~ 20 题。

17. Какая привычка была у Пети?

    A. Говорить всем взрослым «вы».

    B. Говорить всем взрослым «ты».

    C. Говорить всем взрослым «мы».

18. Кто заставил мальчика много раз написать предложение?

    A. Отец.   B. Мать.   C. Учитель.

19. Сколько раз Петя должен был написать это предложение?

    A. 50 раз.   B. 80 раз.   C. 100 раз.

20. Как Петя сейчас обращается к своему учителю?

    A. Он говорит учителю «вы».

    B. Он уже не говорит учителю «ты».

    C. Он всё ещё говорит учителю «ты».

高考听力训练（三十）

本部分分为两节，共 20 小题，每小题 1．5 分，共 30 分。做题时，先将答案标在试卷上。录音内容结束后，你将有两分钟的时间将试卷上的答案转写到答题纸上。

第一节：（共 **5 个小题，每小题 1.5 分，满分 7.5 分**）

听下面 5 段对话。每段对话后有一个小题，从题中所给的 3 个选项中选出最佳选项。听完每段对话后，你都有 10 秒钟的时间来回答有关小题并阅读下一小题。每段对话读一遍。

1. Как зовут подругу?

   A. Надя.   B. Наташа.   C. Катя.

2. Где находится театр?

   A. Около магазина.   B. Около почты.   C. Около музея.

3. В какой город приехала Нина?

   A. В Москву.   B. В Санкт-Петербург.   C. В Пекин.

4. Чей это словарь?

   A. Это словарь Миши.   B. Это словарь Маши.   C. Это словарь Нади.

5. Сколько лет внуку?

   A. Ему 60 лет.   B. Ему 12 лет.   C. Ему 5 лет.

第二节：（共 **15 小题，每小题 1.5 分，满分 22.5 分**）

听下面 5 段对话或独白。每段对话或独白后有几个小题，从题中所给的三个选项中选出最佳选项。听每段对话或独白前，你有时间阅读各个小题，每小题 5 秒钟。听完后，各小题给出 5 秒钟的作答时间。每段对话或独白读两遍。

听第 6 段材料，回答第 6、7 题。

6. Как зовут нового преподавателя?

   A. Елена Петровна.   B. Анна Петровна.   C. Елена Андреевна.

7. Как фамилия Анны?

   A. Иванова.   B. Петрова.   C. Михайлова.

听第 7 段材料，回答第 8、9 题。

8. Какой вид спорта больше всего любит Антон?

   A. Футбол и волейбол. B. Баскетбол и велосипед. C. Баскетбол и плавание.

9. Какой вид спорта любит Иван?

    А. Баскетбол.   В. Футбол.   С. Волейбол.

听第 8 段材料，回答第 10 ～ 12 题。

10. Где идёт разговор?

    А. В магазине.   В. В ресторане.   С. На рынке.

11. Что посетитель хочет на обед?

    А. Пирожки, рыбу и капусту.

    В. Пирожки с капустой, рыбу и салат.

    С. Пирожки с мясом, рыбу и салат.

12. Что он будет пить?

    А. Вино.   В. Пиво.   С. Минеральную воду.

听第 9 段材料，回答第 13 ～ 16 题。

13. Кто с кем разговаривают?

    А. Таня и Олег.   В. Таня и Ольга.   С. Ольга и Олег.

14. Что нового у Тани?

    А. У неё нет нового.

    В. Она заметно изменилась.

    С. Она немножко изменилась.

15. Как выглядит Таня?

    А. Она похудела, стала стройнее.

    В. Она пополнела.

    С. Она изменилась к худшему.

16. Когда Таня стала меняться?

    А. С тех пор как она начала работать.

    В. С тех пор как она начала ходить в спортивный клуб.

    С. С тех пор как она начала играть в теннис.

听第 10 段材料，回答第 17 ～ 20 题。

17. Сколько лет Андрею?

    А. 20 лет.   В. 19 лет.   С. 12 лет.

18. Кем Андрей хотел стать в детстве?

    А. Известным артистом.

    В. Известным писателем.

    С. Художником.

19. Кем он решил стать в десятом классе?

    A. Учителем.   B. Художником кино.   C. Профессором.

20. В каком вузе сейчас учится Андрей?

    A. В Институте искусства.

    B. В МГУ.

    C. В педагогическом институте.

【参考答案】

1-5: CABCC   **6-10:** BCCBB   **11-15:** CCBBA   **16-20:** BACAC

 高考听力训练（三十一）

本部分分为两节，共 20 小题，每小题 1．5 分，共 30 分。做题时，先将答案标在试卷上。录音内容结束后，你将有两分钟的时间将试卷上的答案转写到答题纸上。

第一节：（共 **5** 个小题，每小题 **1.5** 分，满分 **7.5** 分）

听下面 5 段对话。每段对话后有一个小题，从题中所给的 3 个选项中选出最佳选项。听完每段对话后，你都有 10 秒钟的时间来回答有关小题并阅读下一小题。每段对话读一遍。

1. За что Настя благодарит Инну?

    A. За внимание.   B. За помощь.   C. За письмо.

2. Сколько стоит словарь русского языка?

    A. 112 рублей.   B. 102 рублей.   C. 120 рублей.

3. Где новое платье?

    A. На диване.   B. На кровати.   C. В шкафу.

4. Кого хочет пригласить Верочка на свой день рождения?

    A. Иру и Сашу.   B. Лену, Свету и Лизу.   C. Лину и Лизу.

5. Какая будет завтра погода?

    A. Будет жарко, душно и дождь.

    B. Будет жарко и душно, но дождя не будет.

    C. Будет жарко, но не душно.

第二节：（共 **15** 小题，每小题 **1.5** 分，满分 **22.5** 分）

听下面 5 段对话或独白。每段对话或独白后有几个小题，从题中所给的三个选项中选出最佳选项。听每段对话或独白前，你有时间阅读各个小题，每小题 5 秒钟。听完后，各小题给出 5 秒钟的作答时间。每段对话或独白读两遍。

听第 6 段材料，回答第 6、7 题。

6. Кто такой Кавос?

A. Композитор.   B. Архитектор.   C. Художник.

7. Когда построили Большой театр?

A. В середине 18 века.

B. В середине 19 века.

C. В начале 19 века.

听第 7 段材料，回答第 8、9 题。

8. Где была вчера Надя?

A. В кино.   B. На стадионе.   C. На почте.

9. Кто выиграл?

A. Команду Московского университета.

B. Команда её университета.

C. Команда Технического университета.

听第 8 段材料，回答第 10 ~ 12 题。

10. Куда идут Олег и Таня?

A. В кино.   B. В цирк.   C. На концерт.

11. Когда Олег встретится с Таней?

A. В 6 часов вечера.   B. В 6 часов утра.   C. В 7 часов вечера.

12. Где они договорились встретиться?

A. В кино.   B. В метро.   C. В театре.

听第 9 段材料，回答第 13 ~ 16 题。

13. Куда едет турист?

A. В гостиницу «Юность».

B. В магазин.

C. В кино «Юность».

14. Зачем ему туда нужно?

A. Он едет туда на встречу.

B. Он едет туда на обед.

C. Он едет туда на свидание.

15. На сколько времени он опоздает?

A. На 5 минут.   B. На 10 минут.   C. На 20 минут.

16. Сколько заплатил за такси?

    A. 100 рублей.   B. 120 рублей.   C. 200 рублей.

<u>Слушай 第 10 段材料，回答第 17 ～ 20 题。</u>

17. Когда и где родился Алексей Леонов?

    A. 30-го марта 1943 года в Ленинграде.

    B. 30-го мая 1934 года в Сибири.

    C. 30-го мая 1934 года в Москве.

18. Сколько у него было братьев и сестёр?

    A. 2 брата и 6 сестёр.   B. 3 брата и 3 сестры.   C. 6 братьев и 2 сестры.

19. Когда Алёша начал ходить в школу?

    A. Когда ему было 6 лет.

    B. Когда ему было 7 лет.

    C. Когда ему было 5 лет.

20. Что с детства любил делать Алёша?

    A. Любил читать.   B. Любил рисовать.   C. Любил фотографировать.

【参考答案】

1-5: BCCBB   **6-10:** BBBCC   **11-15:** ABABB   **16-20:** ABABB

 高考听力训练（三十二）

本部分分为两节，共 20 小题，每小题 1.5 分，共 30 分。做题时，先将答案标在试卷上。录音内容结束后，你将有两分钟的时间将试卷上的答案转写到答题纸上。

第一节：（共 5 个小题，每小题 **1.5 分**，满分 **7.5 分**）

听下面 5 段对话。每段对话后有一个小题，从题中所给的 3 个选项中选出最佳选项。听完每段对话后，你都有 10 秒钟的时间来回答有关小题并阅读下一小题。每段对话读一遍。

1. Откуда приехала новая учительница английского языка?

    A. Из Америки.   B. Из Англии.   C. Из Канады.

2. На что жалуется больной?

    A. У него болит живот.

    B. У него болит голова и горло.

    C. У него ничего не болит.

3. Какой совет врач даёт Ивану Петровичу?

    А. Бросить петь.   В. Бросить курить и пить.   С. Заниматься спортом.

4. Когда начинается концерт?

    А. В 7 часов.   В. В 7 часов с половиной.   С. В 8 часов с половиной.

5. Что берёт этот человек?

    А. Пиво.   В. Водку.   С. Минеральную воду.

第二节：（共 **15** 小题，每小题 **1.5** 分，满分 **22.5** 分）

听下面 5 段对话或独白。每段对话或独白后有几个小题，从题中所给的三个选项中选出最佳选项。听每段对话或独白前，你有时间阅读各个小题，每小题 5 秒钟。听完后，各小题给出 5 秒钟的作答时间。每段对话或独白读两遍。

听第 6 段材料，回答第 6、7 题。

6. Какая температура будет завтра?

    А. 15 градусов выше нуля.

    В. 15 градусов ниже нуля.

    С. 5 градусов ниже нуля.

7. Какая погода завтра будет?

    А. Завтра будет холодно, пасмурная погода, сильный ветер, но снега не будет.

    В. Завтра будет сильный ветер и снег.

    С. Завтра пасмурная погода со снегом.

听第 7 段材料，回答第 8、9 题。

8. Кто такой Иван Иванович?

    А. Он преподаватель.   В. Он журналист.   С. Он аспирант.

9. Кто такой Миша?

    А. Он преподаватель.

    В. Он студент.

    С. Он аспирант.

听第 8 段材料，回答第 10 ~ 12 题。

10. Что делает сейчас Лебедев?

    А. Отдыхает.

    В. Делает операцию.

    С. Осматривает больных.

11. Когда он освободится?

    А. Через час.   В. Через полчаса.   С. Через полтора часа.

12. Какой номер его домашнего телефона?

    A. 719-58-20.   B. 720-58-12.   C. 712-58-20.

听第 9 段材料，回答第 13 ～ 16 题。

13. На что больной жалуется?

    A. У него болит голова.   B. У него болят уши.   C. У него болит зуб.

14. Какой зуб его беспокоит?

    A. Шестой нижний слева.

    B. Шестой нижний справа.

    C. Шестой верхний слева.

15. Давно болит у него зуб?

    A. Да, давно, позавчера начал.   B. Нет, сегодня начал.   C. Да, вчера уже начал.

16. Что сделает доктор с этим зубом?

    A. Он его сегодня удалит.

    B. Он ему почистит зуб и поставит временную пломбу.

    C. Он почистит зуб и выпишет больному лекарство.

听第 10 段材料，回答第 17 ～ 20 题。

17. Что делал Митя зимой?

    A. Катался на санках с ледяной горы и на коньках по замерзшей реке.

    B. Он бегал по реке.

    C. Он бегал по зелёной траве.

18. Что делал Митя весной?

    A. Он катался на коньках.

    B. Он бегал по полю.

    C. Он купался на реке.

19. Что Митя сказал о лете?

    A. Пусть бы никогда не было лета!

    B. Я бы хотел, чтобы всё время было лето!

    C. Пусть бы никогда не кончалось лето!

20. Какое время года Митя любит больше всего?

    A. Зиму.   B. Все времена года.   C. Весну.

【参考答案】

1-5: ABBBC   **6-10:** BABCB   **11-15:** CCCAC   **16-20:** BABCB

高考听力训练（三十三）

本部分分为两节，共 20 小题，每小题 1.5 分，共 30 分。做题时，先将答案标在试卷上。录音内容结束后，你将有两分钟的时间将试卷上的答案转写到答题纸上。

第一节：（共 5 个小题，每小题 1.5 分，满分 7.5 分）
听下面 5 段对话。每段对话后有一个小题，从题中所给的 3 个选项中选出最佳选项。听完每段对话后，你都有 10 秒钟的时间来回答有关小题并阅读下一小题。每段对话读一遍。

1. Сколько стоит один авиаконверт с маркой?

   A. 6 рублей.　　　　　　B. 6 рублей 50 копеек.　　　　　C. 7 рублей.

2. Что нового у Риты?

   A. Нет ничего нового.

   B. Завтра она уезжает в Москву на три недели.

   C. Послезавтра она уезжает в Москву на три недели.

3. Сколько лет Анатолию Степановичу?

   A. 62 года.　　　　　　B. 63 года.　　　　　　C. 60 лет.

4. Какой совет дал другу Роман?

   A. Пойти в Малый театр на балет.

   B. Пойти в Мариннский театр на балет.

   C. Пойти в Большой театр на балет.

5. Какой предмет больше всего любит Надя?

   A. Рисование.　　　　　　B. Физкультуру.　　　　　　C. Китайский язык.

第二节：（共 15 小题，每小题 1.5 分，满分 22.5 分）
听下面 5 段对话或独白。每段对话或独白后有几个小题，从题中所给的三个选项中选出最佳选项。听每段对话或独白前，你有时间阅读各个小题，每小题 5 秒钟。听完后，各小题给出 5 秒钟的作答时间。每段对话或独白读两遍。

听第 6 段材料，回答第 6、7 题。

6. Когда прибывает поезд по расписанию?

   A. В десять пять.　　　　　　B. В девять пять.　　　　　　C. В девять десять.

7. На сколько времени поезд опаздывает?

   A. На несколько минут.

   B. На тридцать минут.

   C. На сорок минут.

听第7段材料，回答第8、9题。

8. Почему Иван Семёнович попросил у Марии Тимофеевны извинение?

А. Он не знал, что у Марии Тимофеевны был день рождения.

В. Он не смог прийти на день рождения Марии Тимофеевны.

С. Он опоздал на день рождения Марии Тимофеевны.

9. Почему Иван Семёнович не был вчера у Марии Тимофеевны?

А. У него было выступление по телевидению.

В. У него было выступление по радио.

С. У него было выступление на собрании.

听第8段材料，回答第10 ~ 12题。

10. Где был Костя вчера вечером?

А. В ресторане.   В. У Бориса.   С. В баре.

11. Что они делали?

А. Они праздновали Новый год.

В. Они гуляли на свадьбе у Бориса.

С. Они праздновали день рождения Бориса.

12. Что Борис сказал об этом вечере?

А. Этот вечер будет незабываемым.

В. Это был неплохой вечер.

С. Это замечательный вечер.

听第9段材料，回答第13 ~ 16题。

13. Где отдыхал Василий Николаевич?

А. В доме отдыха в Санкт-Петербурге.

В. В доме отдыха в Сочи.

С. В доме отдыха в Москве.

14. С кем он там был?

А. С товарищами.   В. С друзьями.   С. С женой и детьми.

15. Как долго они были там?

А. Месяц.   В. Две недели.   С. Полтора месяца.

16. Почему дети не хотели возвращаться?

А. Им понравились лес и море.

В. Им понравились экскурсии.

С. Им понравился пляж и Чёрное море.

听第 10 段材料，回答第 17 ~ 20 题。

17. Когда и где родился Ломоносов?

    A. В 1711 году в деревне.

    B. В 1811 году в деревне.

    C. В 1711 году в городе.

18. Где находится родина Ломоносова?

    A. На севере около Петербурга.

    B. На юге около Чёрного моря.

    C. На севере около Белого моря.

19. Почему Ломоносов не мог учиться в городе, который был недалеко?

    A. Потому что у него не было денег.

    B. Потому что он был сыном крестьянина.

    C. Потому что он хотел учиться в Москве.

20. Почему Ломоносов учился в Киеве, Петербурге и в университетах Германии, а не в Москве?

    A. Потому что тогда в Москве не было университета.

    B. Потому что в других местах университеты были лучше.

    C. Потому что он не хотел учиться в Москве.

【参考答案】

1-5: BCBBC   **6-10:** BCBAC   **11-15:** CABCC   **16-20:** CACBA

高考听力训练（三十四）

本部分分为两节，共 20 小题，每小题 1.5 分，共 30 分。做题时，先将答案标在试卷上。录音内容结束后，你将有两分钟的时间将试卷上的答案转写到答题纸上。

第一节：（共 5 个小题，每小题 **1.5** 分，满分 **7.5** 分）

听下面 5 段对话。每段对话后有一个小题，从题中所给的 3 个选项中选出最佳选项。听完每段对话后，你都有 10 秒钟的时间来回答有关小题并阅读下一小题。每段对话读一遍。

1. Какая у Кати мама?

    A. Не молодая.   B. Модная.   C. Молодая и красивая.

2. Что просит человек?

    A. Чай.   B. Кофе с молоком.   C. Чёрный кофе.

3. Где учатся Сергей и Мария?

    A. В педагогическом университете на филологическом факультете.

B. В техническом университете на филологическом факультете.

C. В педагогическом университете на физическом факультете.

4. Где сейчас Нина?

    A. Она дома.   B. Она в кино.   C. Она в школе.

5. Откуда приехал новый учитель русского языка?

    A. Из Нижнего Новограда.   B. Из Москвы.   C. Из Новосибирска.

第二节：（共 **15** 小题，每小题 **1.5** 分，满分 **22.5** 分）

听下面 5 段对话或独白。每段对话或独白后有几个小题，从题中所给的三个选项中选出最佳选项。听每段对话或独白前，你有时间阅读各个小题，每小题 5 秒钟。听完后，各小题给出 5 秒钟的作答时间。每段对话或独白读两遍。

听第 6 段材料，回答第 6、7 题。

6. Кто кому звонит?

    A. Алексей Ивану Ивановичу.

    B. Петров Ивану Ивановичу.

    C. Иван Иванович Петрову.

7. В который час будет собрание?

    A. В половине седьмого.

    B. В восемь с половиной.

    C. В семь с половиной.

听第 7 段材料，回答第 8、9 题。

8. Когда идёт разговор?

    A. Утром.   B. Днём.   C. Вечером.

9. Откуда приехал Джон?

    A. Из США.   B. Из Англии.   C. Из Канады.

听第 8 段材料，回答第 10 ～ 12 题。

10. Что покупательница хочет купить?

    A. Костюм.   B. Сапоги.   C. Туфли.

11. Какие хочет купить покупательница?

    A. Чёрные на каблуке.   B. Серые на каблуке.   C. Белые.

12. Какой размер она спросила сначала?

    A. Двадцать четвёртый.   B. Двадцать пятый.   C. Двадцать третий.

听第 9 段材料，回答第 13 ~ 16 题。

13. Сколько стоит билет в Санкт-Петербург?

    A. 316 рублей.   B. 306 рублей.   C. 360 рублей.

14. Сколько времени поезд идёт до Санкт-Петербурга?

    A. 20 часов.   B. 12 часов.   C. 22 часа.

15. На какое число билеты купил поссажир?

    A. На 12 июня.   B. На 12 июля.   C. На 19 июня.

16. В сколько часов он будет в Санкт-Петербурге?

    A. В семь часов двадцать минут вечера.

    B. В 17 часов двадцать минут.

    C. В 17 часов двенадцать минут.

听第 10 段材料，回答第 17 ~ 20 题。

17. Когда Ломоносов начал работать в Академии наук России?

    A. В 1742 году.   B. В 1741 году.   C. В 1841 году.

18. Какую лабораторию создал Ломоносов?

    A. Первую химическую лабораторию.

    B. Первую физическую лабораторию.

    C. Первую биологическую лабораторию.

19. Что ещё создал Ломоносов?

    A. Университет в Москве.

    B. Университет в Петербурге.

    C. Академию наук.

20. Почему Пушкин сказал, что Ломоносов сам был первым нашим университетом?

    A. Потому что Ломоносов первым поступил в университет.

    B. Потому что Ломоносов был первым в учёбе.

    C. Потому что Ломоносов очень много знал и очень многому научил Россию.

【参考答案】

1-5: CBABC   **6-10:** ACCAC   **11-15:** ACCCA   **16-20:** BBAAC

高考听力训练（三十五）

本部分分为两节，共 20 小题，每小题 1.5 分，共 30 分。做题时，先将答案标在试卷上。录音内容结束后，你将有两分钟的时间将试卷上的答案转写到答题纸上。

第一节：（共 5 个小题，每小题 1.5 分，满分 7.5 分）

听下面 5 段对话。每段对话后有一个小题，从题中所给的 3 个选项中选出最佳选项。听完每段对话后，你都有 10 秒钟的时间来回答有关小题并阅读下一小题。每段对话读一遍。

1. За что Алла Васильевна благодарит Верочку?

   A. За то, что она помогла Андрюше исправить двойку по физике.

   B. За то, что она помогла Андрюше исправить двойку по математике.

   C. За то, что она помогла Андрюше исправить тройку по математике.

2. У кого есть велосипед?

   A. У Вити.　　　　　　　B. В Алёши.　　　　　　　C. У Сергея.

3. Чем занимается сестра Иры?

   A. Она работает.

   B. Она учится в аспирантуре.

   C. Она учится в школе.

4. Что надо купить на ужин?

   A. Овощи и мясо.　　　　B. Молоко и масло.　　　　C. Овощи, молоко и хлеб.

5. Что Ирина делала в воскресенье?

   A. Она гуляла в парке с родителями, делала домашние задания.

   B. Она гуляла в парке с подругами, делала домашние задания.

   C. Она гуляла по улице с родителями, делала домашние задания.

第二节：（共 15 小题，每小题 1.5 分，满分 22.5 分）

听下面 5 段对话或独白。每段对话或独白后有几个小题，从题中所给的三个选项中选出最佳选项。听每段对话或独白前，你有时间阅读各个小题，每小题 5 秒钟。听完后，各小题给出 5 秒钟的作答时间。每段对话或独白读两遍。

听第 6 段材料，回答第 6、7 题。

6. Почему вчера Шура не был на занятиях?

   A. Он заболел.　　　　　B. Он был занят.　　　　　C. Он был у друга.

7. Как сегодня Шура себя чувствует?

   A. Очень хорошо.　　　　B. Лучше, чем вчера.　　　　C. Хуже, чем вчера.

听第 7 段材料，回答第 8、9 题。

8. В каком вагоне места у пассажиров?

    A. В восьмом.   B. В седьмом.   C. В девятом.

9. Где находится вагон-ресторан?

    A. В восьмом вагоне.   B. В седьмом вагоне.   C. В девятом вагоне.

听第 8 段材料，回答第 10 ~ 12 题。

10. Что думает Володя об Анне?

    A. Она самая красивая девушка в школе.

    B. Она симпатичная девушка.

    C. Она хорошая девушка.

11. Как думает Андрей об Анне?

    A. Она самая красивая девушка в школе.

    B. Она умная девушка.

    C. Она красивая, но не очень умная девушка.

12. Какие недостатки у Анны?

    A. Она умная, но не красивая.

    B. Она плохо поёт.

    C. Она не любит заниматься.

听第 9 段材料，回答第 13 ~ 16 题。

13. На какое число есть билеты на «Лебединое озеро»?

    A. На пятнадцатое июня и на двадцать пятое июня

    B. На двадцать пятое июня и на пятнадцатое июля.

    C. На пятнадцатое июня и на двадцать пятое июля

14. Какой день двадцать пятое июня?

    A. Воскресенье.   B. Понедельник.   C. Вторник.

15. Какие билеты взял этот человек?

    A. Билеты в партер.

    B. Билеты в бельэтаж.

    C. Билеты на понеделбник.

16. В каком ряду место?

    A. В девятом.   B. В десятом.   C. В восьмом.

听第 10 段材料，回答第 17 ~ 20 题。

17. Где сейчас Иван Петрович и его ученики?

    A. На уроке.   B. На экскурсии.   C. В общежитии.

18. Что они изучают?

    A. Математику.

    B. Английский язык.

    C. Грамматику русского языка.

19. Где живут родители Тома?

    A. В Санкт-Петербурге.   B. В Америке.   C. В Испании.

20. Что рассказывает Сирпа?

    A. Её брат и сестра живут в Испании. А её родители работает в Финляндии.

    B. Её брат и сестра работают на фирме. А родители уже не работают.

    C. Её брат и сестра живут в Финляндии. Брат работает. А сестра учится. Их родители уже на пенсии. Они живут в Испании.

【参考答案】

1-5: BBBCA   **6-10:** ABBCB   **11-15:** BCBBA   **16-20:** AACBC

 高考听力训练（三十六）

本部分分为两节，共 20 小题，每小题 1.5 分，共 30 分。做题时，先将答案标在试卷上。录音内容结束后，你将有两分钟的时间将试卷上的答案转写到答题纸上。

第一节：（共 5 个小题，每小题 1.5 分，满分 7.5 分）

听下面 5 段对话。每段对话后有一个小题，从题中所给的 3 个选项中选出最佳选项。听完每段对话后，你都有 10 秒钟的时间来回答有关小题并阅读下一小题。每段对话读一遍。

1. Ещё на чём доехать до Дворцовой площади, кроме на метро?

    A. На троллейбусе номер 10.

    B. На автобусе номер 10.

    C. На троллейбусе номер 9.

2. Кто это на фотографии?

    A. Брат Толи.   B. Брат Володи.   C. Брат Вити.

3. Чего боится мужчина?

    A. Он боится, что жена попадает под дождь.

    B. Он боится, что жена зайдёт в магазин.

    C. Он боится, что жена не пойдёт домой.

4. Когда начинается телеспектакль?

    A. В семь тридцать пять.   B. В семь сорок пять.   C. Без десяти восемь.

5. Где сейчас Яша?

    A. Он, может быть, в читальном зале.

    B. Он в лаборатории.

    C. Он был на площади.

第二节：（共 **15** 小题，每小题 **1.5** 分，满分 **22.5** 分）

听下面 5 段对话或独白。每段对话或独白后有几个小题，从题中所给的三个选项中选出最佳选项。听每段对话或独白前，你有时间阅读各个小题，每小题 5 秒钟。听完后，各小题给出 5 秒钟的作答时间。每段对话或独白读两遍。

听第 6 段材料，回答第 6、7 题。

6. Какими видами спорта занимается Маша?

    A. Она куглый год ходит на лыжах.

    B. Она круглый год катается на велосипеде и плавает.

    C. Зимой она ходит на лыжах, летом катается на велосипеде и круглый год плавает.

7. Сколько раз в неделю Маша ходит на лыжах зимой?

    A. Несколько раз.   B. Два раза.   C. Один раз.

听第 7 段材料，回答第 8、9 题。

8. Сколько комнат у Вадима в новой квартире?

    A. Три комнаты.   B. Две комнаты.   C. Четыре комнаты.

9. На каком этаже находится новая квартира?

    A. На 12 этаже.   B. На 9 этаже.   C. На 10 этаже.

听第 8 段材料，回答第 10 ~ 12 题。

10. Что ещё купил покупатель, кроме телефонной карточки?

    A. Простой конверт, две открытки.

    B. Два простых конверта, набор открыток.

    C. Два авиаконверта, набор открыток.

11. Сколько стоит набор открыток с видами Москвы?

    A. Семь рублей.   B. 16 рублей.   C. 60 рублей.

12. Сколько всего заплатил покупатель?

    A. 74 рубля.   B. 174 рубля.   C. 180 рублей.

听第 9 段材料，回答第 13 ~ 16 题。

13. Куда собираются эти люди?

    A. В универмаг «Москва».

    B. В универмаг «Подарки».

    C. В книжный магазин.

14. Где находится универмаг «Москва»?

    A. На Молодёжной улице.

    B. На Ленинском проспекте.

    C. На улице Пушкина.

15. Который час сейчас?

    A. Четверть третьего.

    B. 13 часов 15 минут.

    C. 3 часа 15 минут.

16. Как работает универмаг «Москва»?

    A. С перерывом на обед.

    B. Без выходных дней.

    C. Без обеденного перерыва.

听第 10 段材料，回答第 17 ～ 20 题。

17. Сколько лет Санкт-Петербургу?

    A. 100.   B. 200.   C. 300.

18. Как называется главная улица Петербурга? Какая она?

    A. Невский проспект, узкий и старый.

    B. Невский проспект, длинный и широкий.

    C. Невский проспект, узкий и длинный.

19. Какие музеи есть в Петербурге?

    A. Эрмитаж, Русский музей, Кремль.

    B. Русский музей, Третьяковская галерея.

    C. Эрмитаж, Русский музей, Исаакиевский собор.

20. Какие известные сады и парки здесь есть в городе?

    A. Летний сад, Марсово поле.

    B. Летний дворец.

    C. Невский парк.

【参考答案】

1-5: ABBCA   **6-10:** CCCAB   **11-15:** CBABB   **16-20:** CCBCA

高考听力训练（三十七）

本部分分为两节，共 20 小题，每小题 1.5 分，共 30 分。做题时，先将答案标在试卷上。录音内容结束后，你将有两分钟的时间将试卷上的答案转写到答题纸上。

第一节：（共 5 个小题，每小题 1.5 分，满分 7.5 分）

听下面 5 段对话。每段对话后有一个小题，从题中所给的 3 个选项中选出最佳选项。听完每段对话后，你都有 10 秒钟的时间来回答有关小题并阅读下一小题。每段对话读一遍。

1. чем Ира поздравляет Свету?

   A. С днём рождения.

   B. С Праздником Весны.

   C. С Рождеством и с Новым годом.

2. Где сейчас Анна Петровна?

   A. Она сейчас дома.   B. Она сейчас на работе.   C. Она сейчас в саду.

3. Когда у Нины урок рисования?

   A. По вторникам.   B. По понедельникам.   C. По средам.

4. Сколько лет сыну?

   A. Ему 13 лет.   B. Ему 3 года.   C. Ему 14 лет.

5. Какая температура у Вани?

   A. 38,7.   B. 38,8.   C. 39,8.

第二节：（共 15 小题，每小题 1.5 分，满分 22.5 分）

听下面 5 段对话或独白。每段对话或独白后有几个小题，从题中所给的三个选项中选出最佳选项。听每段对话或独白前，你有时间阅读各个小题，每小题 5 秒钟。听完后，各小题给出 5 秒钟的作答时间。每段对话或独白读两遍。

听第 6 段材料，回答第 6、7 题。

6. Чем увлекается Елена Петровна?

   A. Цветами.   B. Спортом.   C. Музыкой.

7. Что делает Елена Петровна в субботу и воскресенье?

   A. Она слушает музыку.

   B. Она убирает квартиру.

   C. Она со всей семьёй старается отдыхать на воздухе.

听第 7 段材料，回答第 8、9 题。

8. Что любит делать Вера?

   A. Смотреть телевизор.   B. Читать рекламы.   C. Читать и слушать музыку.

9. Какую музыку Вера любит слушать?

    A. Только современную.

    B. Только классическую.

    C. И современную, и классическую.

听第 8 段材料，回答第 10 ～ 12 题。

10. Что случилось с пассажиром?

    A. Он проехал остановку «Красная площадь».

    B. Он доехал до остановки «Красная площадь».

    C. Он приехал в первый раз на Красную площать.

11. Что придётся сделать этому пассажиру?

    A. Сесть на другой автобус и ехать в обратном направлении.

    B. Сесть на метро.

    C. Идти пешком обратно.

12. На каком автобусе ему нужно ехать обратно?

    A. На пятом.   B. На четвёртом.   C. На шестом.

听第 9 段材料，回答第 13 ～ 16 题。

13. Где лежит программа?

    A. На столе.   B. На полке.   C. В шкафу.

14. Что сегодня по телевизору по первой программе?

    A. «Сегодня в мире», «В мире животных».

    B. «Сегодня в мире», «Время».

    C. «Сегодня в мире», «Концерт».

15. Сколько сейчас времени?

    A. Десять с половиной.   B. Девять с половиной.   C. Полдевятого.

16. Когда начинается концерт?

    A. Полдесятого.   B. 21. 25.   C. 21.35.

听第 10 段材料，回答第 17 ～ 20 题。

17. Когда и откуда туристы приехали в Москву?

    A. В 23:55 из Петербурга.

    B. В 23:55 из Новосибирска.

    C. В 8:30 из Петербурга.

18. В какой гостинице они остановились?

    A. В гостинице «Россия».   B. В гостинице «Москва».   C. В гостинице «Пекин».

19. Что они осмотрели в Москве?

A. Только Красную площадь.

B. Красную площадь и Кремль, а потом поехали в гостиницу.

C. Красную площадь, Кремль и Третьяковскую галерею.

20. Когда они собираются в Новгород?

A. В следующее воскресенье.

B. Через неделю.

C. Через две недели.

【参考答案】

1-5: CCAAB   6-10: ACCCA   11-15: AABAB   16-20: CCACC

高考听力训练（三十八）

本部分分为两节，共 20 小题，每小题 1.5 分，共 30 分。做题时，先将答案标在试卷上。录音内容结束后，你将有两分钟的时间将试卷上的答案转写到答题纸上。

第一节：（共 5 个小题，每小题 1.5 分，满分 7.5 分）
听下面 5 段对话。每段对话后有一个小题，从题中所给的 3 个选项中选出最佳选项。听完每段对话后，你都有 10 秒钟的时间来回答有关小题并阅读下一小题。每段对话读一遍。

1. Что Петя предлагает Вере?

A. Поехать за город.

B. Пойти в лес за грибами.

C. Пойти в лес за цветами.

2. Куда идёт Нина?

A. В киоск.   B. В книжный магазин.   C. В буфет.

3. Чему радуются девушки?

A. Завтра начинаются летние каникулы.

B. Завтра начинаются зимние каникулы.

C. Завтра они сдают экзамен.

4. Сколько с покупателя?

A. 20 рублей 50 копеек.   B. 21 рубль.   C. 21 рубль 50 копеек.

5. Какое место у пассажира?

A. Пятое «В».   B. Пятнадцатое «В».   C. Пятнадцатое «А».

第二节：(共 15 小题，每小题 1.5 分，满分 22.5 分)

听下面 5 段对话或独白。每段对话或独白后有几个小题，从题中所给的三个选项中选出最佳选项。听每段对话或独白前，你有时间阅读各个小题，每小题 5 秒钟。听完后，各小题给出 5 秒钟的作答时间。每段对话或独白读两遍。

听第 6 段材料，回答第 6、7 题。

6. Куда пойдёт Маша после работы?

A. Сначала в магазин, потом в театр.

B. Сначала на спектакль, потом в кафе.

C. Сначала в кафе, потом в театр.

7. Когда начинается спектакль?

A. В шесть тридцать.　　　　B. В семь.　　　　C. В семь тридцать.

听第 7 段材料，回答第 8、9 题。

8. Что купил мальчик?

A. Только тетрадь.　　　　B. Книги.　　　　C. Тетради и ручки.

9. Сколько он заплатил?

A. 25 рублей.　　　　B. 45 рублей.　　　　C. 35 рублей.

听第 8 段材料，回答第 10 ~ 12 题。

10. С чем Ирочка поздравляет Таню?

A. С днём рождения.

B. С Новым годом.

C. С новосельем.

11. Какая квартира у Тани?

A. Две комнаты, большая кухня.

B. Три комнаты, большая кухня и балкон.

C. Три комнаты, маленькая кухня и балкон.

12. Что купила Таня для новой квартиры?

A. Новую кровать.

B. Новую модную мебель.

C. Новый телевизор.

听第 9 段材料，回答第 13 ~ 16 题。

13. Где происходит разговор?

A. В гостинице.　　　　B. На улице.　　　　C. Около ресторана.

14. Что собирается делать мужчина?

A. Он проведёт вечер в номере перед телевизором.

B. Он в ресторане будет смотреть футбол по телевизору.

C. Он поедет на стадион играть в футбол.

15. Когда работает ресторан?

    A. Только днём.   B. Только вечером.   C. С утра до вечера.

16. По какому телефону нужно звонить, чтобы принесли завтрак или ужин в номер?

    A. 6495.   B. 6594.   C. 6396.

听第 10 段材料，回答第 17 ～ 20 题。

17. Когда звонит будильник?

    A. В 6 часов.

    B. В 6 часов с половиной.

    C. В семь часов с половиной.

18. Кто готовит завтрак?

    A. Жена.   B. Муж.   C. Дети.

19. Когда члены семьи выходят из дома?

    A. Полвосьмого.   B. В девять.   C. Четверть девятого.

20. На чём едет на работу Кирилл?

    A. На автобусе.   B. На метро.   C. На троллейбусе.

【参考答案】

1-5: BAACB   6-10: CCCBC   11-15: BBAAC   16-20: ABACC

高考听力训练（三十九）

本部分分为两节，共 20 小题，每小题 1.5 分，共 30 分。做题时，先将答案标在试卷上。录音内容结束后，你将有两分钟的时间将试卷上的答案转写到答题纸上。

第一节：（共 5 个小题，每小题 1.5 分，满分 7.5 分）

听下面 5 段对话。每段对话后有一个小题，从题中所给的 3 个选项中选出最佳选项。听完每段对话后，你都有 10 秒钟的时间来回答有关小题并阅读下一小题。每段对话读一遍。

 1. Где работает Борис?

    A. В школе.   B. В институте.   C. В университете.

 2. Как Вадим едет домой?

    A. На метро.   B. На машине.   C. На троллейбусе.

3. Когда Анна Петровна едет в Москву?

    A. В понедельник, в 8 часов утра.

    B. В понедельник, в 8 часов вечера.

    C. Во вторник, в 8 часов вечера.

4. Что друзья будут делать?

    A. Смотреть телевизор.   B. Играть в футбол.   C. Играть в шахматы.

5. Что должен купить муж?

    A. Мясо, хлеб и овощи.   B. Молоко, мясо и хлеб.   C. Мясо, хлеб и фрукты.

第二节：(共 **15** 小题，每小题 **1.5** 分，满分 **22.5** 分)

听下面 5 段对话或独白。每段对话或独白后有几个小题，从题中所给的三个选项中选出最佳选项。听每段对话或独白前，你有时间阅读各个小题，每小题 5 秒钟。听完后，各小题给出 5 秒钟的作答时间。每段对话或独白读两遍。

听第 6 段材料，回答第 6、7 题。

6. Где проходит разговор?

    A. В магазине.   B. В буфете.   C. В театре.

7. Что взяли эти люди?

    A. Кофе с молоком, чай с лимоном и пирожки.

    B. Кофе с молоком, чай с сахаром и пирожки.

    C. Кофе с молоком и с сахаром, пирожки.

听第 7 段材料，回答第 8、9 题。

8. Почему Алёша любит ездить в метро?

    A. В нём зимой тепло.

    B. В нём летом не жарко.

    C. В нём всегда чисто и красиво.

9. Почему Юре нравится метро?

    A. Метро идёт очень быстро.

    B. Зимой там всегда тепло, а летом не очень жарко.

    C. В нём всегда красиво и чисто.

听第 8 段材料，回答第 10 ~ 12 题。

10. Что Лена делала вчера?

    A. Ходила по магазинам.

    B. Занималась в библиотеке.

    C. Убирала квартиру.

11. Что делает Андрей сегодня?

    А. Он поедет к бабушке, а потом в библиотеку.

    В. Он будет у дедушки, а потом в библиотеке.

    С. Он будет у бабушки, а потом в гостях.

12. О чём договорились Лена и Андрей?

    А. Они поедут в библиотеку в воскресенье.

    В. Они поедут в библиотеку в субботу.

    С. Они поедут в библиотеку в понедельник.

听第 9 段材料，回答第 13 ~ 16 题。

13. Почему Сергея Ивановича вчера вечером не было дома?

    А. Он с женой был в кино.

    В. Он с женой был в Большом театре.

    С. Он с женой был на концерте.

14. Что они смотрели?

    А. Балет «Бахчисарайский фонтан».

    В. Фильм «Бахчисарайский фонтан».

    С. Пьесу «Бахчисарайский фонтан».

15. Кто танцевал Марию?

    А. Зарема.   В. Плисецкая.   С. Тимофеева.

16. Какую Балерину Сергей очень любит?

    А. Тимофееву.   В. Плисецкую.   С. Зарему.

听第 10 段材料，回答第 17 ~ 20 题。

17. Как часто в Москве организуют Олимпиаду по русскому языку для школьников?

    А. Каждые три года.   В. Каждые два года.   С. Каждые четыре года.

18. Когда состоялась первая Московская олимпиада?

    А. В 1973 году.   В. В 1970 году.   С. В 1972 году.

19. Сколько школьников из скольких государств участвовало в первой Московской олимпиаде?

    А. 100 учащихся из 6 государств.

    В. 100 учащихся из 16 государств.

    С. 90 учащихся из 16 государств.

20. Где можно узнать о программе каждой олимпиады?

    А. На страницах журнала «Русский язык».

    В. На страницах журнала «Русский язык за рубежом».

    С. На страницах журнала «Россия».

高考听力训练（四十）

本部分分为两节，共 20 小题，每小题 1.5 分，共 30 分。做题时，先将答案标在试卷上。录音
内容结束后，你将有两分钟的时间将试卷上的答案转写到答题纸上。

第一节：（共 5 个小题，每小题 1.5 分，满分 7.5 分）
听下面 5 段对话。每段对话后有一个小题，从题中所给的 3 个选项中选出最佳选项。听完每段
对话后，你都有 10 秒钟的时间来回答有关小题并阅读下一小题。每段对话读一遍。

1. Где сейчас Анна Петровна?

  A. В кабинете.   B. Дома.   C. На уроке.

2. Когда Василию Николаевичу нужно быть дома?

  A. В 9 часов.   B. В 9 часов с половиной.   C. В 10 часов.

3. Когда Коля и мама должны быть на вокзале?

  A. Через 20 минут.

  B. За 20 минут до прихода поезда.

  C. До прихода поезда.

4. Где Вася проведёт конец лета?

  A. В Крыму.   B. У бабушки в деревне.   C. Дома.

5. Какая завтра будет погода?

  A. Хорошая, будет жарко.

  B. Плохая, будет дождь.

  C. Хорошая, будет не очень жарко.

第二节：（共 15 小题，每小题 1.5 分，满分 22.5 分）
听下面 5 段对话或独白。每段对话或独白后有几个小题，从题中所给的三个选项中选出最佳选
项。听每段对话或独白前，你有时间阅读各个小题，每小题 5 秒钟。听完后，各小题给出 5 秒
钟的作答时间。每段对话或独白读两遍。

听第 6 段材料，回答第 6、7 题。

6. Кем хочет быть Юра?

  A. Художником.   B. Учителем.   C. Врачом.

7. Кем будет работать Игорь?

  A. Композитором.   B. Художником.   C. Врачом.

听第 7 段材料，回答第 8、9 题。

8. Когда Петя женился?

    A. В этом году.   B. В прошлом году.   C. Два года назад.

9. Что нового у Кати?

    A. Она поступила в университет.

    B. Она поступила на работу.

    C. Она поступила в аспирантуру.

听第 8 段材料，回答第 10 ~ 12 题。

10. На какой поезд хочет купить билеты этот человек?

    A. На скорый.   B. На пассажирский.   C. На прямой.

11. На какое число он хотел взять билеты сначала?

    A. На шестое августа.

    B. На пятое августа.

    C. На седьмое августа.

12. Сколько стоит один билет на скорый поезд до Москвы?

    A. Тысячу рублей.   B. Пятьсот рублей.   C. Триста рублей.

听第 9 段材料，回答第 13 ~ 16 题。

13. Когда Лю Хуа приехал в Москву?

    A. Неделю назад.   B. Три месяца назад.   C. Две недели назад.

14. Как долго Ван Лин живёт в Москве?

    A. Неделю.   B. Три месяца.   C. Месяц.

15. Как Ван Лин чувствует себя в Москве?

    A. Нормально.   B. Ей трудно учиться.   C. Она очень занята.

16. Что Ван Лин посоветовала своему другу, чтобы лучше овладеть русским языком?

    A. Больше слушать русские тексты, не бояться делать ошибки.

    B. Больше говорить по-русски, не бояться делать ошибки.

    C. Больше читать по-русски, не бояться делать ошибки.

听第 10 段材料，回答第 17 ~ 20 题。

17. Когда была открыта самая первая линия Московского метро?

    A. 15 мая 1935 года.   B. 15 марта 1935 года.   C. 5 мая 1935 года.

18. Из скольких станций состояла первая линия Московского метро?

    A. Из 12 станций.   B. Из 13 станций.   C. Из 15 станций.

19. Через сколько минут подземные поезда прибывают на станцию в обычное время?

    A. Через 2 – 3 минуты.   B. Через 4 – 5 минут.   C. Через 80 – 90 секунд.

20. Через сколько минут подземные поезда прибывают на станцию в часы пик?

    A. Через 2 – 3 минуты.   B. Через 4 – 5 минут.   C. Через 80 – 90 секунд.

【参考答案】

1-5: CCBBC	**6-10:** ACBCA	**11-15:** BBABA	**16-20:** BABAC

第 ④ 章　听力测试综合训练文字材料

高考听力训练材料（一）

1. —Лена, вы помогаете кому-нибудь заниматься?
   —Да, я часто помогаю своему соседу Андрею.

2. —Алло, Миша, пойдём вечером в кино? У меня билеты на семь пятнадцать.
   —С удовольствием.

3. —Бабушка, садитесь на моё место!
   — Сиди, сиди. Мне выходить на следующей остановке. Я на вокзал еду.

4. —Простите, этот троллейбус идёт к вокзалу?
   —Нет, на вокзал надо ехать на метро.
   —Спасибо.

5. —Серёжа, ты уже подружился с ребятами в новом классе?
   —Да, мы уже хорошо познакомились. Они помогают мне, а я — им.
   —У вас хороший коллектив!

6. —Алло!
   —Слушаю. Это кто говорит?
   —Нина. Наташа дома?
   —Нет, она пошла в магазин.
   —Передайте, пожалуйста, что я приду к ней вечером.
   —Хорошо, передам!

7. —Катя, я буду ждать тебя завтра на старом месте в пять часов.
   —Нет, Ваня, в пять я не могу. У меня занятия до пяти, потом ещё полчаса надо ехать.
   —Ладно. Я тогда с половины шестого до шести.
   —Хорошо. К шести я непременно буду.
   —Если у тебя будет какое-нибудь дело, позвони мне.
   —Обязательно. До завтра.

8. —Простите, у вас есть пальто?
   —Есть. Посмотрите, пожалуйста, вот это.
   —Это пальто мне подходит. Сколько оно стоит?
   —Сто шестьдесят юаней.
   —Хорошо, я беру. Платить вам?
   —Да, платите здесь.

130

—Пожалуйста, возьмите деньги.

—Хорошо. Всего доброго.

9. —Антон, тебе понравилась наша школа?

—Очень. Она такая чистая и красивая. Широкие коридоры, светлые классы.

—А ты видел нашу выставку? Там много рисунков наших ребят.

—Выставка замечательная! Но я не видел компьютерного класса. Он есть у вас?

—Конечно, есть. Не знаю, почему вам его не показали.

—Жаль. Нам ещё сказали, что вы на уроках физкультуры играете в волейбол. А где?

—На спортивной площадке, рядом.

10. Володя — русский. Он приехал из Санкт-Петербурга и учится в университете уже два месяца. Он изучает китайский язык. Каждый день он занимается по 6 часов. На уроках он и его друзья пишут упражнения и диктанты, читают тексты, говорят по-китайски. Иногда они пишут контрольные работы. Володя учится старательно, поэтому он всегда получает хорошие отметки. Дома Володя аккуратно делает домашние задания. Иногда он занимается в библиотеке. Там он не только берёт книги, но и читает свежие газеты и журналы.

Володя много занимается, поэтому он редко гуляет, редко смотрит телевизор и только иногда слушает магнитофон. Но Володя очень любит футбол, поэтому он часто смотрит футбольные матчи на стадионе.

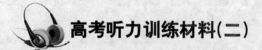

高考听力训练材料(二)

1. —Скажи, кто из вас хорошо играет в баскетбол?

—По-моему, Алёша хорошо играет.

2. —Мне нужно в центр. Где здесь станция метро?

—Здесь нет метро. Можно доехать на автобусе. Остановка недалеко.

3. —Николай, когда вы поедете в город на выставку?

—Наверное, послезавтра.

—Я хочу с вам поехать.

—Хорошо.

4. —Анна Петровна, я вижу, вы очень устали.

—Да, сегодня я много работала. Кроме того, вчера я легла очень поздно, спала только три часа.

—Вам нужно отдохнуть.

—Да, конечно.

5. —Здравствуй, Максим. Мама дома?

—Нет, мама ещё не пришла из школы.

—А когда она обычно приходит с работы?

—В 5 часов.

6. —Нина, я тебя целый месяц не видела. Где ты была?

—Я была в Пекине, в гостях у своей сестры.

—Ой, какая ты счастливая! А я ещё ни разу не была в Пекине.

—И я там была первый раз. Раньше я видела его только по телевизору. А теперь я увидела своими глазами.

7. —Скажите, пожалуйста, где библиотека?

—Около учебного здания.

—Она большая?

—Да, в ней несколько читальных залов.

—А там есть иностранная литература?

—Да, конечно. Там есть книги на разных языках.

8. —Вы не скажете, на каком троллейбусе можно доехать до музея?

—До музея лучше всего на метро.

—Я знаю, что можно на метро, но я хочу посмотреть западный район города.

—Тогда вы должны поехать на 43-м троллейбусе. Остановка недалеко, около библиотеки.

—Большое спасибо!

—Пожалуйста.

9. —Галя любит спорт?

—Я знаю, что очень любит.

—А какой вид спорта она любит?

—Она хорошо играет в волейбол.

—Она играет в школьной команде?

—Конечно. В прошлом году они заняли первое место на городских соревнованиях.

—А её друг Павел тоже любит спорт?

—Нет, он любит читать.

10. Я люблю жить в деревне.

Меня зовут Олег. Я работаю в городе, но очень люблю жить в деревне. Мои родители работают и живут в городе. Они не понимают, почему я хочу жить в деревне.

У нас в городе большая семья: отец, мать, сестра Катя и её муж Петя, мой брат Федя и его жена Надя, дядя Ваня, тётя Таня и их дети. Дедушка и бабушка тоже живут с нами. Все говорят очень громко и шумят, и я не могу там ни читать, ни работать, ни отдыхать. Поэтому мне лучше в деревне.

В деревне хорошо. Хотя здесь у меня только небольшая комната, зато она чистая и уютная.

Воздух здесь свежий. Недалеко — небольшой лес. В воскресенье или в выходные дни я люблю гулять в лесу. Там тихо и красиво. Здесь я могу долго сидеть, читать и отдыхать.

高考听力训练材料（三）

1. —Зина дома?

   —Нет, она ушла, через час вернётся.

2. —Света, где ты была в воскресенье?

   —Мы с братом были в зоопарке.

3. —Когда Олег лёг спать вчера?

   —Поздно. Он писал отцу письмо, потом ещё долго занимался.

4. —Уже десять часов, а спать ещё не хочется.

   —Давай тогда посмотрим телевизор.

   —Вот хорошо. Что мы будем смотреть?

   —Концерт.

5. —У меня есть предложение. Чтобы не сидеть в комнате в такой хороший вечер. Говорят, сегодня в клубе будут танцы.

   —Давайте пойдёмте?

   —Конечно! Замечательно!

6. —Здравствуйте, доктор!

   —Здравствуйте, на что вы жалуетесь?

   —У меня болит горло и голова.

   —Так, посмотрим горло. У вас простуда. Вот вам рецепт. Принимайте это лекарство три раза в день перед едой. Сегодня вторник, а в четверг приходите ко мне опять.

   —Благодарю вас, доктор, до свидания.

7. —Девушка, я хотел бы купить подарок дочери. Посоветуйте, пожалуйста, что ей купить.

   —Купите ей юбку.

   —Какие юбки у вас есть?

   —У нас есть шёлковые. Посмотрите вот эту, красного цвета. И по качеству она не плохая.

   —Хорошо. Я её возьму.

8. —Здравствуйте, вы меня вызывали?

   —Да, здравствуйте. У меня к вам просьба. Мне нужно погладить рубашку и почистить костюм.

   —Пожалуйста. К какому часу?

—К пяти часам. В половине шестого я уезжаю на собрание.

—Хорошо. Когда будете уходить, оставьте, пожалуйста, ваш ключ на этаже.

—Большое спасибо.

—Не за что.

9. —Алло! Это магазин?

—Да, вам кого?

—Попросите к телефону, пожалуйста, директора Петрова.

—Его сейчас нет.

—А вы не скажете, когда он вернётся?

—Точно не скажу. Что ему передать?

—Передайте ему, пожалуйста, что завтра продукты мы не сможем привезти.

—Хорошо. Передам обязательно.

—Спасибо.

—Пожалуйста.

10. **Интересная книжка**

У Вовки каникулы. В школу он сейчас не ходит, а учит меня читать. Он очень хорошо читает, а я пока не могу все слова прочитать. Вчера мы с ним читали одну книжку. Он читал, а я слушал. Интересная книжка была, о мальчике. Этот мальчик уже в школу ходил, а одеваться не мог.

Мы с Вовкой засмеялись, а потом Вовка сказал:

—Хорошо, что мы умеем одеваться. Хорошо, что это всё не о нас.

Потом мы читали о другом мальчике. О том, как он в классе с птицей говорил. Птица на окне сидела, а он с ней говорил. И вдруг учитель вызвал его к доске. Мальчик не мог ответить, потому что он не слушал. И учитель поставил ему двойку.

Дальше Вовка читать не хотел, потому что это было о нём.

—Это о тебе, — сказал я, — помнишь, что ты рассказывал?

И я засмеялся. А Вовка спросил:

—Откуда писатель узнал об этом? Его тогда в классе не было!

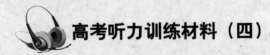

高考听力训练材料（四）

1. —Который час сейчас?

—Уже двенадцать часов. Пора обедать.

2. —Вова, жаль, что ты не поедешь с нами на экскурсию. Будет очень интересно.

—Ничего не поделаешь. Не могу.

3. —Добрый день, Анна. Это говорит Миша.

—Здравствуй, Миша. Извини, я не узнала твой голос.

4. —Какая завтра будет погода?

—Я слышал прогноз. По радио сказали, что будет холодно. Сильный ветер.

5. —Что с тобой, Аня? На тебе лица нет. Ты не заболела?

—Ничего, просто немного устала. У меня экзамены.

6. —Яша, ты видел Лену? Не знаешь, как у неё жизнь?

—Я часто её встречаю. Живёт она неплохо. Сейчас учится петь в клубе.

—Вот новость! Я рад за неё.

7. —Простите, у вас есть билеты в Большой театр?

—Есть билеты на "Лебединое озеро" на завтра.

—О, это замечательно. Возьму два. В какую они цену?

—По пятьдесят рублей.

—Хорошо.

8. —Оля, ты забыла, что у учителя день рождения? Все ребята уже собрались во дворе.

—Ой, совсем забыла. Что же ему подарить?

—Подари цветы. Возьми самый красивый букет.

—Саша, а что ты подаришь учителю?

—Я нарисовал его портрет.

—Ну, покажи. Какой хороший! Очень похож. Ты подожди, я сбегаю за букетом цветов.

9. —Игорь, скоро летние каникулы. Где ты будешь отдыхать?

—Я поеду в деревню к бабушке и дедушке. Я люблю ездить к ним, хотя деревня далеко. Поработаю на огороде, покупаюсь в реке, схожу в лес за грибами. А что ты будешь делать на каникулах, Олег?

—Я хочу поехать в спортивный лагерь.

—В спортивный лагерь? А что вы там будете делать?

—Спортивный лагерь у нас на берегу озера. Мы будем плавать, кататься на лодке, ходить в походы и играть в спортивные игры: футбол, баскетбол, волейбол, теннис, бадминтон.

—Очень интересно.

10. Обычный мальчик

Меня зовут Вадим. Мне тринадцать лет. Я ученик шестого класса — самый обычный мальчик. Но это знаю только я. Мои родители, бабушка и дедушка думают по-другому. "Дима — очень умный ребёнок, у него большое будущее ", — говорят они. Но только ещё не знают, где это будущее: в науке, в искусстве или в спорте.

Мой папа — учёный, доктор наук. Он любит математику. Поэтому я учусь не в обычной, а в математической школе. Моя мама в молодости хотела стать музыкантом, но не стала.

"Ну, ничего, у меня есть сын!" — обычно говорит мама. "И у меня тоже!" — говорит на это папа. Теперь вы поняли, что после математической школы я хожу ещё в музыкальную. Но это ещё не всё.

Мой дедушка мечтал, чтобы я стал спортсменом и обязательно чемпионом. А бабушка мечтала, чтобы я был художником. Теперь вы понимаете, почему я хожу на спортивные занятия и на рисование.

Я люблю всех моих родных. Но я не могу стать одновременно и великим математиком, и известным музыкантом, и спортсменом-чемпионом, и художником. Я нормальный ребёнок, и мне нравится играть с девочкой, строить вместе с ней красивые дома и дворцы. Но в нашей семье нет и никогда не было строителей. Что же мне делать?

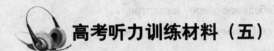

高考听力训练材料（五）

1. —Костя, где вы живёте?

   —Недалеко. Около вокзала.

2. —Лена, в каком году ты родилась?

   —Я родилась в 1975-ом году.

3. —Ты ездил к Виктору? Как он теперь себя чувствует?

   —Я только что приехал от него. Ему стало лучше. Живот у него уже не болит.

4. —Скажите, пожалуйста, когда сегодня уходит поезд в Пекин?

   —Поезд в Пекин сегодня в 20:15.

   —Спасибо большое.

5. —Алёша, ты не знаешь, каким видом спорта занимается наша учительница?

   —Зимой она любит кататься на коньках, а летом плавать в реке.

   —Вот как.

6. —Будьте добры, покажите, пожалуйста, эти часы.

   —Пожалуйста.

   —Сколько они стоят?

   —Восемьдесят юаней. Эти часы дешёвые, и модель красивая.

   —Хорошо, я беру.

7. —Олег, ты любишь ездить на метро?

   —Да, мне нравится метро, потому что на нём можно быстро доехать, куда хочешь.

   —А ты не скажешь, когда метро начинает работу в вашем городе?

   —Станции метро открываются в 6 часов утра, а закрываются в десять часов вечера.

8. —Саша, как ваши успехи в баскетболе?

—Как всегда, всё отлично. Наша школьная команда — чемпион района.

—Молодцы! А в городском матче вы будете участвовать?

—Конечно.

—Надеюсь, что вы выиграете матч с хорошим счётом.

—Я тоже надеюсь.

9. —Лена, пойдём в мою комнату. Я покажу тебе фотографии.

—Подожди, Надя, я к тебе ненадолго, боюсь помешать твоим родителям.

—Не беспокойся, Лена. Мама с папой уехали за город. Бабушка и дедушка теперь живут у моего дяди, они уже на пенсии.

—О, а это кто на этой фотографии?

—В центре мои дедушка и бабушка. Справа — дядя Володя. Слева — дядя Шура. Они родные братья моего папы.

—Значит, у твоей бабушки три сына?

—Да.

—Твои дяди похожи друг на друга. Они близнецы?

—Да. Они родились в один день.

10. Однажды летом мы с другом поехали за город. Мы выехали рано утром. Стояла прекрасная погода. Мой друг предложил пройти несколько километров пешком. На берегу реки мы увидели небольшое кафе и решили там позавтракать. Но в кафе нам сказали, что ещё рано и у них есть только бутерброды, кофе и чай.

«Тогда дайте нам, пожалуйста, бутерброды с колбасой, один чай и одно кофе», — сказали мы. Мы съели бутерброды и выпили чай и кофе. Я пил чай, а мой друг— кофе. Завтрак нам очень понравился, да и кафе тоже. Мы с удовольствием посидели там, поговорили. Потом мы пошли в лес. У моего друга были с собой шахматы. Мы погуляли в лесу, поиграли в шахматы. Мы хорошо отдохнули в тот день.

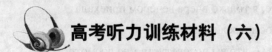

高考听力训练材料（六）

1. —Андрей, давно тебя не видел. Как дела?

—Спасибо. У меня всё в порядке.

2. —Привет, Саша! Где ты был в субботу?

—Мы с сестрой ездили в деревню. Там воздух очень свежий.

3. —Витя, ты не знаешь, Вова в классе?

—Нет, он ушёл в читальный зал.

—А когда он вернётся?

—Не знаю.

4. —Юра, кем ты хочешь стать, когда закончишь школу?

—Я буду лётчиком. Мне нравятся самолёты. Хочу летать на самолёте.

5. —Антон, в каком году ты начал ходить в школу?

—В 1993-ом году.

—Значит, когда тебе было 6 лет?

—Да, правильно.

6. —Нина, что ты обычно делаешь по утрам?

—Обычно я встаю в 7 часов, умываюсь, одеваюсь, завтракаю и иду в школу.

—А что ты обычно ешь на завтрак?

—Пью молоко, с хлебом.

7. —Привет, Оля! Куда ты идёшь?

—Привет! Я в книжный магазин.

—А что тебе там надо?

—Хочу купить книги по математике.

8. —Наташа, почему ты такая грустная?

—Потому что уже две недели изучаю китайский язык, но ещё ничего не понимаю. Я думаю, что этот язык очень трудный.

—Иностранный язык всегда трудный.

—Коля, ты сейчас изучаешь английский язык, да? И ты всё понимаешь по-английски?

—Конечно, нет. Но я много читаю и говорю по-английски, слушаю английские песни. Я думаю, что уже неплохо знаю английский язык.

— А я не знаю, когда я буду знать китайский язык.

—Наташа, больше читай, говори по-китайски! И всё будет в порядке!

9. —Марта, вы впервые в нашем городе?

—Да. Олег, вы знаете, я только вчера вечером приехала .

—Вы уже немного посмотрели наш город?

—Нет, ещё не успела. А что вы посоветуете мне посмотреть?

—В нашем городе много интересного, но главное — это архитектурные памятники. Сегодня у нас будет экскурсия по городу.

—Сколько времени продолжается эта экскурсия?

—Около трёх часов. На автобусе. Поедете с нами? Мой друг Антон будет вам рассказывать о нашем городе.

—А на каком языке он будет говорить? Ведь я плохо знаю русский язык.

—Кроме русского, он свободно говорит по-английски и по-немецки.

—Тогда я с удовольствием с вами поеду. Спасибо вам огромное.

10. Письмо домой.

Дорогие мама и папа!

Ваше письмо я уже получил, но не мог сразу ответить, потому что в последнее время у нас были экзамены.

Сейчас в Москве уже весна. А у нас в Шанхае, наверное, уже совсем тепло.

Завтра у нас начнутся весенние каникулы. Я хочу на этих каникулах поехать в Санкт-Петербург. Мой товарищ Алёша там вырос, он уже много раз приглашал меня к себе в гости. Я ещё не был в Санкт-Петербурге, но много читал и слышал об этом городе.

Санкт-Петербург стоит на реке Неве. Это очень большой город. Там прямые, широкие улицы, высокие здания, красивые памятники, зелёные сады и парки. Каждый год город посещает много иностранных туристов. И я тоже хочу своими глазами увидеть Санкт-Петербург. Я обязательно возьму фотоаппарат и буду там всюду фотографировать.

Когда вернусь в Москву, я вам подробно напишу об этом городе.

Как ваше здоровье?

Всего доброго!

Ваш сын Ли Пин

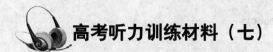 高考听力训练材料（七）

1. —Здравствуй, Андрей. Это говорит Зина. Ты знаешь телефон Антона?

—Ты хочешь позвонить Антону? Вот его телефон — 219-52-87.

2. —Володя, ты не хочешь пойти в кино? Серёжа тебя приглашает.

—В кино? Хорошо. Пойду с удовольствием. Я люблю смотреть фильмы.

3. —Лёша, какой у тебя любимый месяц года?

—Январь, потому что я родился в январе.

4. —Я чувствую себя не очень хорошо.

—Ты, наверное, заболела, Лена. Какая температура?

—Тридцать восемь и пять.

5. —Ребята, мне надо поехать в центр города. Скажите, как туда доехать?

—Тебе надо ехать на автобусе номер 15. Ещё можно на троллейбусе. А если мало времени, лучше на такси.

6. —Наташа, когда ты обедаешь?

—Я обедаю в двенадцать тридцать.

—А что ты делаешь после обеда?

—После обеда я занимаюсь в школе.

—И сегодня тоже?

—Нет, сегодня пятница. В пятницу после обеда я не хожу в школу. У нас нет уроков.

7. —Алло, Юра! Что ты делаешь дома?

—Я играю на компьютере.

—Но сегодня воскресенье. И на улице тепло. Ты не хочешь пойти поплавать на реку?

—Нет, по-моему, плавать в реке ещё рано. Вода очень холодная. Лучше пойдём в бассейн.

—Хорошо. Давай!

8. —Анна, ты знаешь, что наша семья едет в Москву?

—Знаю, твой брат мне сказал. Вы летите на самолёте?

—Конечно, на самолёте.

—Завидую. А я никогда не летала на самолёте.

—Я тоже впервые.

—Как долго вы будете лететь?

—Тринадцать часов. Москва далеко находится.

9. —Здравствуйте, Елена Ивановна! Поздравляю вас с праздником Восьмого марта.

—Спасибо, ребята!

—У меня хорошая новость!

—Какая?

—Летом в Москве будет проходить олимпиада школьников по русскому языку.

—Да, я знаю это. Она открывается 25-ого июля.

—Совершенно верно! Участвует и команда Китая. А в команде Китая будет наш друг Петя!

—Правда? Это замечательно! Я очень рада. Спасибо вам за такую хорошую новость.

10. Вчера мы были в гостях у Нади. С нами ходил Том. Он приехал учиться в Москву из Африки.

Надя живёт недалеко от станции метро. Квартира у неё небольшая, но уютная. В квартире две комнаты.

Мы посмотрели квартиру Нади, а потом сели обедать в большой комнате. На первое был вкусный суп, на второе — мясо и овощи. Оказывается, русские едят суп в начале обеда.

После второго мы пили чай с русским шоколадом. Московский шоколад очень вкусный.

В 5 часов мы поблагодарили Надю и поехали в гостиницу. Надя проводила нас до метро и пожелала нам больших успехов в учёбе.

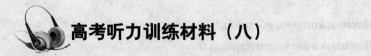

高考听力训练材料（八）

1. —Куда вы ездили в прошлое воскресенье?

—Я никуда не ездил. Сидел дома целый день.

2. —Лена, кого ты встретила в театре?

—Кроме нашего учителя я никого из знакомых не встретила.

3. —Витя, на сколько лет ты моложе своей сестры?

— Я моложе её на четыре года.

—Значит, ей двадцать лет.

4. —Ребята, не бегайте здесь!

—А почему?

—Мы здесь вчера цветы посадили.

5. —Будьте добры, пожалуйста, покажите мне юбку?

—Вам какого цвета?

—Есть у вас светлая?

—Вот, пожалуйста.

6. —Вера, знаешь, вчера команда нашей школы играла в футбол с командой третьей школы.

—И как сыграли?

—Наши ребята выиграли со счётом 3:2.

—Правда? Хотя ведь они сильнее нас. Ну, наши молодцы!

7. —Смотри, мама, какая замечательная книга. Столько картинок!

—Да, очень интересная книга. Цена есть?

—Есть, вот здесь.

—Ой, книга очень дорогая.

—Мама, эта книга мне очень понравилась. Купи мне, очень прошу тебя.

—Обещаю, но только не сегодня, а в другой раз.

8. —Иван Иванович, что вам сказал врач?

—Приказал лежать, а потом зайти к нему ещё раз.

—А какие лекарства вам выписали?

—Таблетки от гриппа. Я уже купил их в аптеке.

—Хорошо. А как вы себя теперь чувствуете?

—Лучше. Температура сейчас нормальная.

—Поправляйтесь. Вы устали. Я уйду.

—До свидания!

9. —Галя, помнишь Веру Петровну?

—Конечно, помню. Замечательная учительница, хорошо объясняла грамматику. Но ведь два года назад она уехала за границу!

—Да, уехала, а на прошлой неделе вернулась и завтра придёт к нам.

—Это просто замечательно! Надо получше встретить её. Давай купим ей самый красивый букет цветов.

—Хорошая идея. Завтра я пойду за цветами.

10. **История старой фотографии**

На этой фотографии девочка Таня, ей было три года. Однажды они всей семьёй собирались в гости. У них была большая собака. Таня вышла во двор и стала играть с собакой, а потом заснула в домике собаки. Она сама не помнит, сколько времени спала.

Когда она вышла из домика, увидела маму. Мама плакала.

Потом мама рассказала ей, как они все её искали, как они боялись за неё. А Тане тогда было весело. Она стояла с игрушкой и смеялась. У папы был фотоаппарат. Он сфотографировал её, и все тоже засмеялись.

Вот такая интересная история, которая случилась с девочкой в детстве. Как много интересного могут рассказать старые фотографии! Они долго лежат и молчат. Потом мы их берём, и они начинают говорить…

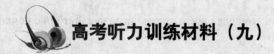

高考听力训练材料（九）

1. —Лена, я хочу пригласить тебя на танец.

   —Извини, я не умею танцевать.

2. —Олег, сколько уроков русского языка в неделю у вас в школе?

   —Пять уроков.

   —Значит, каждый день по одному уроку?

   —Да.

3. —Ваня, мне нужно на почту. Я хочу послать открытки друзьям в Москву. Пойдёшь со мной?

   —Хорошо. С удовольствием.

4. —Мне понравилась эта открытка. Сколько она стоит?

   —Пять рублей.

   —Дайте, пожалуйста, десять открыток.

5. —Катя, скажи, пожалуйста, музей далеко от школы?

   —Нет, недалеко. Только три остановки.

   —А какой автобус туда идёт?

   —Второй автобус.

6. —Наташа, ты знаешь, наша учительница любит гулять на свежем воздухе?

   —Да, очень любит. Давайте пригласим её в парк. Там много цветов, свежий воздух, можно и на лодке покататься.

—Хорошо. А когда поедем?

—В воскресенье.

—Хорошо. Договорились.

7. —Саша, видишь горы, а вон и Великая стена.

—Папа, почему она "великая"?

—Потому что она очень большая, высокая и очень древняя.

—А ты уже был на этой стене?

—Нет, я тоже первый раз. Саша, сегодня у нас будет две экскурсии. Мы должны идти быстро.

—Хорошо.

8. —Привет, Маша!

—Привет, Лена! Какая у тебя хорошая собака! Ты давно её купила?

—Нет, недавно, три недели назад. А что?

—Я тоже мечтаю о собаке. Если бы у меня была собака, я бы с ней гуляла.

—Да. И я каждый вечер с ней гуляю по улице. Собака — это мой друг.

—Правильно. А как её зовут?

—У неё ещё нет имени. По-твоему, какое имя лучшее?

—Я думаю, что Жучка — хорошее имя.

—Хорошо, тогда её будут звать Жучка.

9. —Сяо Ли, тебе понравился наш город?

—Очень. Он такой большой и красивый. Столько больших парков и интересных музеев, памятников.

—А ты видел нашу выставку? Там много картин известных художников.

—Выставка замечательная! А у вас есть стадион?

—Конечно, есть. Он находится около школы № 2.

—Жаль, что не показали мне. А вы часто ходите на стадион?

—Да, там часто идут разные соревнования. А мы там играем в футбол.

10. В парке

Вчера было воскресенье. Стояла прекрасная погода. Вся наша семья гуляла в парке.

В парке были и мои друзья: Андрей, Саша и Володя. Они хорошо знают моих родителей, и мы часто проводим время вместе.

В парке было весело. Дети бегали и играли. Молодёжь пела и танцевала, а старики сидели и смотрели.

Мы сидели на траве и разговаривали. Саша рассказывал интересные истории. Мы слушали и смеялись.

Потом мы все вместе обедали в ресторане. Там мы ели рыбу, мясо с рисом, пили пиво. Обед был вкусный, и все ели с аппетитом.

После обеда мы слушали в парке концерт. Выступали молодые артисты. Их выступление нам очень понравилось.

Когда мы ехали домой, мы долго ещё говорили о парке, о концерте.

高考听力训练材料（十）

1. —Настя, кого ты провожала вчера на вокзале?

   —Я провожала своих родителей. Они поехали в Украину.

2. —Вова, на чём ты обычно ездишь в школу?

   —Если хорошая погода, то на велосипеде, а в плохую погоду на автобусе.

3. —Куда ты поедешь летом, Борис?

   —На Байкал.

   —На Байкал? Но ведь в прошлом году ты уже ездил туда.

   —Да. А в этом году поеду туда опять.

4. —Вова, говорят, что у вас сейчас золотая осень!

   —Да, сейчас у нас очень красиво и тепло. А у вас?

   —А у нас холодно. Ветер, идёт дождь со снегом.

5. —Сегодня футбол. Будем смотреть по телевизору или поедем на стадион?

   —Ну что ты! Кто же смотрит футбол по телевизору?! Конечно, поедем на стадион.

   —А билеты?

   —Купим в кассе стадиона.

6. —Какая сегодня тёплая погода! Давай возьмём лодку и поедем кататься.

   —Это ты хорошо придумал. Я очень люблю кататься на лодке. Я знаю место на озере, где плавают лебеди. Хочешь, я тебе покажу?

   —Конечно. Давай сейчас и поедем.

7. —Вера, как ты провела каникулы?

   —Ездила к бабушке в деревню.

   —Она, что, в деревне живёт?

   —Да, в деревне да ещё у самых гор.

8. —Как хорошо Вася играет на скрипке! Наверное, он много занимается.

   —Да, он шесть раз в неделю ходит в музыкальный кружок.

   —Он будет выступать на вечере?

   —Да, конечно.

   —А что он будет исполнять?

—Пьесу Чайковского.

9. —Давайте познакомимся, меня зовут Иван.

—Очень приятно. А меня зовут Том.

—Откуда вы приехали?

—Из Америки. А вы?

—Из Владивостока.

—Ну что ж, заходите в гости.

—Хорошо. А где вы остановились?

—В гостинице "Дружба", номер 1412, а вы?

—В гостинице "Москва", номер 1220. А вы приехали в Москву на конференцию?

—Нет, по личному делу.

10. Два мальчика

Встретились во дворе два мальчика, Коля и Вова. У Коли в руках портфель с учебниками, а у Вовы — коньки.

—Ты куда? — спрашивает Коля. — У нас, что, сегодня нет уроков?

—Есть, но я не пойду. Погода хорошая. Хочу на коньках покататься.

—Экзамены не сдашь!

—Сдам, — ответил Вова.

Поговорили и пошли в разные стороны. Коля пошёл медленнее. Идёт и думает: "Вот, день такой хороший, солнечный. И до экзаменов ещё далеко, успею подготовиться…"

Вернулся Коля домой, оставил портфель, взял коньки и побежал на каток. В школу он не пошёл.

Вечером пришёл к нему Вова с коньками:

—Пойдём покатаемся!

—Ты же сегодня уже катался, — говорит Коля.

—Нет, я решил, что на каток можно пойти после школы. Ну что, пойдём?

—Не пойду, — ответил Коля и закрыл дверь.

—Почему он так рассердился? — удивился Вова.

Вова не знал, что рассердился Коля не на него, а на себя.

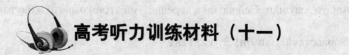

高考听力训练材料（十一）

1. —Галя, ты едешь домой на метро?

—Нет, на автобусе. Остановки автобуса, рядом с нашим домом.

2. —Покажите, пожалуйста, костюм.

—Какой вам нужно?

—Чёрный.

—Вот, пожалуйста.

3. —Юра, сколько лет твоей маме?

—Ей 43 года.

—А папе?

—46.

4. —Смотри, Серёжа поймал рыбу!

—Это моя вторая рыба.

—А где же первая?

—Первую я поймал в детстве.

5. —Лена, большое спасибо за то, что пригласила меня на эту выставку.

—Не за что. Я рада, что тебе понравился этот художник.

—Замечательный художник! У меня столько впечатлений! Очень интересные картины на выставке.

6. —Здравствуй! Ты наш новый ученик?

—Да. Меня зовут Ваня.

—А откуда ты приехал?

—Из маленькой деревни. Недалеко от Москвы.

7. —Слушай, Вася, в воскресенье мы с Антоном не поедем в зоопарк.

—Почему?

—Потому что в воскресенье у нас будет экскурсия в центр города.

—Ну ладно. Давайте поедем в зоопарк в следующую субботу.

8. —Вот наш дом. Мы живём на четвёртом этаже. Заходи, пожалуйста, Катюша.

—Как у вас хорошо, Анна!

—Нравится?

—Конечно. Сколько у вас комнат?

—Четыре, ещё кухня и туалет.

—А это чья комната?

—Это комната дедушки. Сейчас он в деревне. А в этой комнате живут папа и мама.

9. —Алло! Здравствуй, Ван Ли! Это я, Таня.

—Здравствуй, Таня!

—Ван Ли, хочешь посмотреть небольшой фильм о Пекине и послушать китайские песни?

—Конечно.

—Тогда приходи вечером ко мне. У меня собираются мои друзья-китайцы, с которыми я познакомилась на вечере в Московском университете. Придёшь?

—С удовольствием!

—Слушай, принеси новые диски, о которых ты мне говорил. Ладно?

—Ладно. Ну, до вечера.

—До вечера.

10. Первый день в Пекине

Я часто вспоминаю первый день в Пекине. Из Москвы в Пекин мы прилетели утром. В этот день была прекрасная погода. Ветра не было. Из окна самолёта я увидел аэродром. На аэродроме стояли самолёты.

Мы вышли из самолёта. Китайские товарищи уже ждали нас в зале аэропорта.

—Здравствуйте, дорогие друзья! — сказали они по-русски. И мы сразу почувствовали себя как дома.

Ехали мы долго. Я видел из окна автобуса зелёные поля, красивые здания, сады и хотел поскорее увидеть город.

И вот первые пекинские дома, широкие улицы, большие магазины. Вдали я увидел красивые здания. Это был Пекинский университет.

В университете нас тепло встретили китайские студенты. Нас пригласили на обед. После обеда мы немного отдохнули, а вечером поехали в центр города. Здесь мы осмотрели площадь Тяньаньмэнь, Дом памяти Председателя Мао, Государственный музей. В 9 часов вечера мы вернулись в университет.

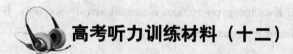 高考听力训练材料（十二）

1. —Откуда Соня часто получает письма?

   —Она часто получает письма из дому.

2. —Виктор вернулся с почты?

   —Нет ещё, но я думаю, скоро должен прийти.

3. —Я слышал, наш учитель заболел. Ты был у него сегодня?

   —Да, я только что пришёл от него. У него грипп.

4. —Здравствуйте. Позовите, пожалуйста, Бориса!

   —Бориса нет, он уехал в Москву день назад.

5. —Яша, ты зачем едешь в книжный магазин?

   —Я хочу купить книгу по истории.

   —Ты любишь историю?

   —Конечно, люблю.

6.　—Простите, где остановка второго автобуса?

　　—Остановка второго автобуса? У гостиницы «Север».

　　—Спасибо. А до вокзала он идёт?

　　—Идёт.

7.　—Миша, не хочешь сейчас поиграть в пинг-понг?

　　—Хочу, но сейчас, к сожалению, не могу. Я ещё не написал упражнения по русскому языку.

　　—А когда напишешь?

　　—Наверное, через полчаса.

　　—Ну, что ж! Я подожду.

8.　—Здравствуйте, я хочу поехать на Байкал. Сколько стоит такая поездка?

　　—Три тысячи рублей.

　　—На сколько дней?

　　—На 5 дней.

　　—Когда начинается поездка?

　　—Пятнадцатого июля.

　　—Спасибо. Я подумаю и позвоню вам позже.

　　—Пожалуйста. Звоните.

9.　—Вставай, Иван! Ну, просыпайся же!

　　—Что, Саша? Сколько времени?

　　—Много. Вставай! Каждое утро только и делаю, что бужу тебя. Будильник давно уже прозвенел. Ты что, не слышал, что ли?

　　—Не шуми. Встаю.

　　—Завтра утром оставлю записку: «Вставай, уже семь часов». А сам уйду на урок.

　　—Даю слово, с завтрашнего дня буду вставать вовремя.

　　—Каждый день обещаешь…А теперь скорей собирайся! У нас мало времени.

　　—Куда я положил ключ от комнаты?

　　—Вспомни. Ведь ты вчера открывал.

　　—Да вот же он, в двери! А я и не вижу! Выходи, я закрою.

　　—Постой! Я, кажется, не взял сочинение. Сидел вчера над ним весь вечер.

　　—Ну, побыстрее.

10. История с географией

Когда наш учитель географии Антон Петрович поставил нам с Юрой двойки, мы стали думать, что делать дальше.

　　— Не нравится мне Антон Петрович, — сказал Юра.

　　— И мне не нравится. Несправедливый, любит двойки ставить, — сказал я.

　　— Слушай, у меня есть идея. Давай мы с тобой выучим географию лучше самого Антона Петровича. Потом пойдём к директору школы, скажем, что знаем географию не хуже

Антона Петровича и поэтому можем сами преподавать её в нашем классе вместо Антона Петровича, — предложил Юра.

— Давай! — согласился я.

Мы начали серьёзно заниматься географией, не только выучили весь учебник, но и прочитали много книг, статей в журналах. Скоро мы уже свободно путешествовали по карте. Много знали о разных странах.

И вот когда мы решили, что уже готовы преподавать в нашем классе, мы попросили Антона Петровича проверить наши знания. Мы получили пятёрки!

— Ну что, пойдём к директору?

— Слушай, не такой уж плохой Антон Петрович. По-моему, даже очень симпатичный...

— И добрый, — согласился я. — И ещё справедливый: зря двойку не поставит. Хорошо, что в нашем классе есть такой учитель.

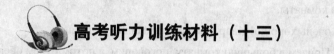

高考听力训练材料（十三）

1. —Где Оля нашла тетрадь?

   —У себя в столе.

2. —Маша, что тебе пишет брат?

   —Много написал, только ни слова о самом себе.

3. —Боря, где учится ваш брат?

   —Он учится там, где раньше я учился.

   —В школе № 5?

   —Да.

4. —Елена Петровна, когда вы приехали в наш город?

   —Я приехала сюда тридцатого этого месяца.

5. —Почему ты выключил магнитофон? Мы ещё не кончили слушать тексты.

   —Мы уже несколько часов его слушаем, надо отдохнуть. Если хочешь ещё послушать, через полчаса включишь.

6. —Вера, что ты обычно делаешь вечером?

   —Обычно я возвращаюсь домой в 5 часов, ужинаю, потом делаю уроки,.смотрю телевизор.

   —А когда ты ложишься спать?

   —Обычно в девять часов вечера, а в конце недели в десять.

7. —Сергей Иванович, я получил письмо от родителей. Просят приехать к ним.

   —Что случилось, Андрей?

—Неизвестно, в чём дело. Придётся ехать.

—На сколько дней собираетесь уехать?

—Хочу взять отпуск на четыре дня.

8. —Оля, ты слышала, скоро будет олимпиада школьников по английскому языку.

—Когда будет?

—Восьмого ноября.

—Где?

—В Харбине.

9. —Рада тебя видеть! Заходи, пожалуйста.

—Я тоже очень рада, Аня. А где родители?

—Валечка, мама в школе, а папа уехал к больному. Хочешь посмотреть нашу квартиру?

—Спасибо! С удовольствием! А сколько у вас комнат?

—У нас три комнаты.

—Ой, у вас очень хорошо! Квартира небольшая, но уютная.

—Спасибо! Пойдём в большую комнату, поговорим, а потом будем обедать.

10. Библиотека в квартире

В нашем доме на втором этаже в квартире № 3 живёт Василий Николаевич. Он на пенсии, но не скучает.

Я хочу рассказать вам о его увлечении. Василий Николаевич очень любит книги и собирает их. У него в квартире настоящая библиотека. Василий Николаевич собирает художественную литературу и книги по искусству.

Каждую субботу он идёт в книжные магазины. В этих магазинах все давно знают Василия Николаевича, потому что он часто приходит сюда. Здесь он покупает книги по искусству и книги на английском и немецком языках, ищет разные интересные и редкие книги.

Квартиру № 3 в доме знают все, потому что все приходят сюда и берут книги. Особенно часто приходят дети. Василий Николаевич не только даёт свои книги, но и советует, кому что читать.

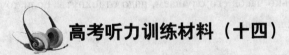
高考听力训练材料（十四）

1. —Здравствуй, Лена, как дела?

—Всё нормально. Готовимся к празднику. Скоро 1 мая, у нас будут целую неделю каникулы.

2. —Вера, как ты провела каникулы?

—Очень хорошо. Мы ездили на Великую Китайскую стену.

3. —Анна, скажи, как ты обычно отдыхаешь.

—Обычно мы с родителями ходим гулять в парк.

4. —Олег, что ты будешь делать завтра днём?

—Буду играть с ребятами в футбол.

—Вы часто играете в футбол?

—Да, мы любим играть.

5. —Лена, в следующее воскресенье ты будешь занята?

—Нет, я свободна. А что?

—Я хочу пригласить тебя в гости.

—Спасибо за приглашение. Я обязательно приду.

6. —Знаешь, к нам приехал какой-то молодой человек.

—Да, он приехал из Франции.

—Он француз? А почему он так хорошо говорит по-русски?

—Он уже 7 лет изучает русский язык.

7. —Добро пожаловать в нашу школу. Я директор этой школы. Меня зовут Иван Иванович Петров.

—Очень приятно. Меня зовут Ли Сяо. Я учительница. Мы рады, что можем познакомиться с вашей школой.

—Давайте я покажу вам школу и расскажу о ней.

—Хорошо.

8. —Миша, тебе этот рисунок нравится?

—Не очень. Рисунок странный, тёмный, непонятный.

—Миша, но это же рисунок карандашом!

—Ты права, Лена! Но я не люблю такие рисунки.

—А мне рисунок очень нравится. Я хочу его купить. Но у меня мало денег.

—Лена, не волнуйся, я подарю тебе этот рисунок.

—Большое спасибо за такой замечательный подарок!

9. —Антон, как ты думаешь, куда нам поехать в летние каникулы?

—Я думаю, Саша, лучше всего в Санкт-Петербург. Это "Северная столица" России.

—Ты прав. Наверное, всем хочется побывать в Санкт-Петербурге, правда?

—Правда. Там всегда много туристов. Это не очень далеко.

—Сколько часов туда ехать?

—Поезд уходит из Москвы в 11 часов вечера, а приходит в Санкт-Петербург в 7 часов утра.

—Значит, ехать 8 часов. Хорошо, я еду.

10. Дом и квартира

Раньше мои родители жили в двухэтажном доме в центре Москвы. Несколько лет назад они получили новую квартиру в юго-западном районе Москвы. В их доме четырнадцать этажей. Квартира моих родителей на втором этаже. В ней три комнаты: столовая, спальня родителей и комната моего брата Николая, есть ещё кухня, ванная и туалет. Квартира очень уютная, светлая, со всеми удобствами.

Самая большая комната в квартире — столовая. Посередине комнаты стоит стол и несколько стульев. Справа от двери телевизор, слева — диван и два кресла. На полу большой ковёр.

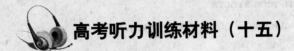

高考听力训练材料（十五）

1. —Ты не знаешь, сколько градусов сегодня?

   —Сегодня 16 градусов тепла.

2. —Володя, когда у нас собрание?

   —Говорят, завтра после обеда.

3. —Где вы обычно завтракаете?

   —Дома. А вы?

   —В буфете. Давайте сегодня позавтракаем в буфете.

   —Хорошо.

4. —Саша, где ты был вчера?

   —Вчера я был в клубе на вечере. Знаешь, я встретил там Алёшу.

   —Какого Алёшу?

   —Помнишь, он учился с нами в одном классе.

5. —Вам нравится Пекин?

   —Да, нравится.

   —Где вы уже успели побывать?

   —Я была на площади Тяньаньмэнь и во Дворце Гугун.

6. —Сколько у тебя билетов на фильм «Детство»?

   —Два билета. Но один я купил для своего друга. Только ещё не знаю, пойдёт ли он.

   —Если он не пойдёт, дай мне его билет, хорошо?

   —Хорошо.

7. —Девушка, покажите, пожалуйста, белые туфли.

   —Пожалуйста. Вам нравятся эти туфли?

   —Нет, они некрасивые. Покажите, пожалуйста, ещё те, красные.

   —Примерьте, пожалуйста.

—Эти мне нравятся. Я их возьму.

—Платите в кассу 2000 рублей.

8. —Ира, кем ты хочешь стать?

—Учительницей.

—Почему?

—Моя мама — учительница. И я с детства люблю школу и эту профессию. А ты, Витя, решил, кем быть?

—Ещё не решил. Может быть, стану переводчиком, как мой брат.

—Да, ты отлично учишься. У тебя хороший английский язык, ты будешь прекрасным переводчиком.

—Спасибо, Ира.

9. —Здравствуй, Оля! Куда спешишь?

—Привет, Маша. Я в школу.

—Сегодня же воскресенье.

—А мне нужно сделать несколько фотографий для школьной газеты.

—Хочешь, я тебе помогу? Я часто фотографирую.

—Правда? А я думала, ты увлекаешься музыкой.

—Музыкой тоже. Но сейчас больше интересуюсь фотографией.

—А ты давно увлекаешься фотографией?

—Давно. Мой папа очень любит фотографировать. Это он меня научил.

10. Сначала я занимался в вечерней школе. Ходил на уроки через день после работы. Я очень старался и аккуратно выполнял задания. У нас была опытная учительница, и я довольно быстро научился читать, писать и немного говорить по-русски. Сначала я не очень понимал, когда по-русски говорили другие, но постепенно научился слушать и понимать.

Потом я стал заниматься самостоятельно. Я много читал, писал, учил слова и запоминал целые фразы, рассказывал тексты, часто повторял грамматику, выполнял упражнения. Иногда я слушал передачи по радио на русском языке, но не всё понимал.

Сейчас я вижу, что уже сделал большие успехи. Я уже могу читать маленькие рассказы на русском языке, выучил и запомнил некоторые русские пословицы, могу писать письма. Вчера я написал подруге по-русски довольно длинное письмо.

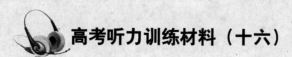 高考听力训练材料 （十六）

1. —Катя, ты любишь рыбу?

—Не очень. Я люблю мясо.

2. —Вы не скажете, где живут Петровы?

—Петровы? На четвёртом этаже в семнадцатой квартире.

3. —Вова, что ты собираешься делать во время каникул?

　—Хочу поехать в Сочи, к бабушке.

4. —Маша, надень шапку. На улице пять градусов мороза.

　—Но мне не холодно, дедушка.

5. —Володя, сейчас уже двадцать минут седьмого.

　—Ой, нам надо поторопиться. Кино начинается через десять минут.

6. —Надя, ты не хочешь пойти вечером в кино? Сегодня хороший фильм.

　—Хочу. Но сегодня я немного устала. Давай лучше пойдём в кино в воскресенье.

　—В воскресенье я буду смотреть по телевизору футбол.

　—Но это вечером, а днём?

　—Хорошо, давай пойдём в кино в воскресенье днём.

7. —Ребята, привет! Вот и я.

　—С приездом, Гриша! Что случилось? Почему задержался?

　—Погода была нелётная, самолёты два дня не вылетали.

　—Вот как! Ты отлично выглядишь. Рассказывай, где побывал.

　—Был дома, в Москве. А потом на две недели ездил с родителями отдыхать на Кавказ.

8. —Миша, можно войти?

　—О, Алёша, здравствуй! Проходи, проходи.

　—Миша, ты не хочешь пойти со мной в кино? У меня есть билеты.

　—Жаль. Я не могу. Сейчас придёт Вова. Я его уже год не видел.

　—Тогда я пойду спрошу, может, Зоя пойдёт со мной.

　—Ты что, уже уходишь? Посиди ещё.

　—Нет, спасибо. Я спешу в кино. До свидания!

　—До свидания!

9. —Алло! Это ресторан «Россия»!

　—Да, слушаю вас.

　—У вас можно заказать обед?

　—Конечно, пожалуйста. На сколько человек?

　—На пятнадцать.

　—На какое время?

　—Три часа дня.

　—Что вы хотите заказать?

　—А что вы посоветуете?

　—Можно заказать обед из традиционных русских блюд: икра, рыба, грибы, на первое щи или уха, на второе гусь с капустой. И ещё кофе, фрукты и мороженое.

　—Хорошо. Платить в тот же день или вперёд?

—Конечно, в день обеда.

10. Экскурсия в деревню

Вчера мы были на экскурсии в деревне «Красное знамя». Рано утром мы поехали на автобусе за город в деревню. Мы ехали долго. В автобусе студенты пели песни, шутили и смеялись. Было очень весело.

Дорога в деревню была чудесная. Кругом поля, реки, горы и леса. Осенний лес там очень красивый. Теперь мы знаем, что такое «золотая осень».

В деревне нас тепло встретили. Крестьяне нам рассказали о деревне. Сейчас они живут хорошо. Во всех домах есть электричество и телевизоры. В деревне есть школа, библиотека, клуб и поликлиника.

Потом мы пошли в поле. Там мы посмотрели, как работают разные машины. Каждый год здесь собирают богатый урожай.

Мы приехали домой в университет поздно вечером.

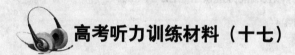 高考听力训练材料（十七）

1. —Как ты думаешь, сколько лет этому мальчику?

—Какому мальчику?

—Сыну учителя.

—Я думаю, ему три года.

—Я тоже так думаю.

2. —Где работает ваш отец?

—Он работает инженером на заводе.

3. —Где мы будем обедать, Антон?

—Давайте пойдём в ресторан.

4. —Шура, ты не скажешь, кем работает твоя младшая сестра?

—Она работает продавщицей.

5. —Сколько стоит эта книга?

—250 рублей.

—А эта ручка сколько стоит?

—200 рублей.

6. —Здорово, Игорь, какие гвоздики! К кому ты идёшь?

—К Ирине Ивановне. Хочу её поздравить, потому что у неё день рождения. А ты куда?

—Я к Павлу.

—Передавай привет ему.

7. —Здравствуйте, Анна Ивановна. Что нового?

—Сын поступил в институт.

—В какой?

—В Хабаровский медицинский институт.

—Почему туда? Ведь он так хорошо знает географию, стал бы хорошим геологом.

—Но он хочет быть замечательным врачом.

8. —Катя, ты знаешь, сегодня по телевизору футбол?

—Да, сегодня восьмое, в программе есть футбольные соревнования.

—Во сколько они начинаются?

—В 8 часов вечера, по третьему каналу. А который сейчас час?

—Сейчас 7:35. А кто играет?

—Китай и Россия.

—Хорошо, надо обязательно посмотреть.

9. —Девушка, посоветуйте мне, какое платье лучше?

—Вам какого размера?

—Пятидесятого.

—Вот, синего цвета, качество хорошее, и цена невысокая.

—А сколько стоит это платье?

—Тысячу сорок пять рублей.

—Беру. Ещё мне нужно пальто, скоро будет зима.

—У нас как раз есть много новых пальто.

—Хорошо. А сколько стоит это пальто?

—Тысячу двадцать рублей.

—Сколько с меня всего?

—С вас 2065 рублей, платите в кассу.

10. Андрей и я изучаем русский язык вместе. Теперь мы понимаем по-русски лучше, чем раньше. Мы читаем уже более трудные и длинные, но более интересные тексты, делаем более трудные упражнения.

Андрей читает по-русски лучше, чем я. Я читаю медленно и хуже, чем он. Наш учитель говорит: «Вы читаете слишком медленно и тихо. Читайте, пожалуйста, немного громче и быстрее. А вы, Андрей, читаете слишком быстро и громко. Читайте медленнее и немного тише».

Я говорю по-русски хуже, чем Андрей, но я пишу лучше и чаще, чем он. Андрей ещё плохо пишет. Он мало пишет дома — меньше, чем надо.

Уроки теперь труднее, чем раньше, но интереснее.

Мы делаем успехи.

高考听力训练材料（十八）

1. — Куда ты едешь, Лена?

   — В наш институт.

2. — Маша, что ты здесь делаешь?

   — Читаю газету.

3. — Катюша, ты вернула журналы и газеты в читальню в понедельник?

   — Нет, в среду.

4. — Юноша, советую тебе взять эти сказки.

   — Спасибо, но я их уже читал.

5. — Скажите, есть билеты в Санкт-Петербург на субботу?

   — Есть.

   — Два билета, пожалуйста.

   — С вас двести пятьдесят рублей.

6. — Скажите, пожалуйста, когда отправляется поезд в Москву?

   — В двадцать три часа.

   — А с какой платформы?

   — С четвёртой.

   — Спасибо.

7. — Скажите, пожалуйста, где находится памятник Пушкина?

   — На Пушкинской площади.

   — Как туда попасть?

   — Можно на метро или пешком.

   — Покажите, пожалуйста, на карте.

   — Вот, пожалуйста,

   — Большое спасибо.

8. — Ли Мин, ты знаешь, что наш класс едет в Пекин?

   — Знаю, Сяо Лань. Мы едем на поезде.

   — А ты тоже едешь?

   — Конечно, еду. Я очень хочу посмотреть Пекин. А мы долго будем ехать?

   — Тринадцать часов. Мы уезжаем в двадцать часов тридцать минут, а приезжаем в Пекин в девять часов утра.

   — Так долго? Я не думал.

   — А как же? Пекин ведь далеко!

9. — Здравствуйте, позовите, пожалуйста, Ли Мина.

— Я вас слушаю. А кто это говорит?

— Мы с вами незнакомы. Меня зовут Нина. Я приехала из Нижнего Новгорода. Ваш телефон мне дала моя подруга Лена.

— Лена? Как она? Как Иван Петрович?

— У них всё хорошо. Они передают вам привет и небольшой подарок.

— Значит, мы должны встретиться. Когда и где?

— Завтра у школы №10.

— Хорошо. А как я вас узнаю?

— Я среднего роста. У меня светлые волосы, голубые глаза. На мне будет синее платье, а в руках большая красная сумка.

— Отлично. Завтра я буду. До встречи.

— Пока. До завтра.

10. Это было в мае. Однажды утром Миша пошёл с собакой Малышкой гулять в парк. Как красиво кругом! Светит солнце, поют птицы, цветут красные, жёлтые, голубые цветы. И вот что Миша увидел:

Летят четыре бабочки: красная, голубая, жёлтая и чёрная. Вдруг бабочки увидели большую зелёную птицу. Что делать? И вот что они сделали. Красная бабочка села на красную гвоздику. Жёлтая бабочка села на жёлтый тюльпан. Голубая бабочка села на голубой колокольчик（风铃花）, а чёрная бабочка не знала, что делать. Но потом она увидела Малышку. Малышка тоже была чёрная, и бабочка села на Малышку.

«Где бабочки?» —думает птица.

Миша посмотрел на птицу, на красную бабочку, на жёлтую бабочку, на голубую бабочку, на чёрную бабочку и сказал: «Малышка, какие умные бабочки!»

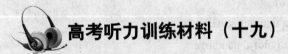

高考听力训练材料（十九）

1. — Товарищи, сегодня не будет собрания.

— Мы знаем, потому что директор уже сообщил.

2. — Нина, какой хороший портрет ты нарисовала! Просто чудо!

— Нет, это моя сестра нарисовала, а я рисую ещё лучше её.

3. — Мама, у тебя сегодня выходной день, давай пойдём посмотрим на зверей в зоопарк.

— Но сегодня зоопарк закрыт, мы с тобой лучше пойдём в кино.

4. — Папа, я опоздаю на 15 минут, если на автобусе поеду в школу.

— Ты лучше возьми такси и сэкономишь 5 минут.

5. —Мама, твои часы спешат.

— А который час сейчас?

— Посмотри на стену, сейчас без 10 час.

6. —Здравствуй, Ли Хуа.

— Добрый день, Антон.

— Познакомьтесь, пожалуйста, это мой друг. Он работает у нас в Пекине.

— Здравствуйте. Меня зовут Андрей. Я приехал из Москвы.

— Рада с вами познакомиться. Я переводчица.

7. —Здравствуйте, у вас есть свободные номера?

— Есть. Какой вам нужен?

— У нас всего 4 человека: трое взрослых, один мальчик. Но я должен жить один, я работаю в номере по вечерам.

— Тогда я советую вам два номера: на троих и на одного. Номер на троих стоит 80 юаней с человека, а на одного 126 юаней.

— Хорошо. Большое спасибо.

— Не за что. Вот ваши ключи.

8. —Ой, кого я вижу! Лена, ты выглядишь прекрасно.

— Вы ошиблись, я не Лена. Я её младшая сестра.

— Извините. Я Лилия. Значит, вы Лида? Вы так похожи друг на друга. Почему?

— Я тоже не знаю. Ведь моя сестра старше меня на 6 лет.

— Я слышала, что дочь Лены поступила в Московский университет на математический факультет.

— Нет, на физический факультет.

— Это замечательно, рада за неё.

9. —Стёпа. Где твоя комната? Можно показать мне?

— С удовольствием, вот моя комната, входи пожалуйста.

— Какая чистая комната! Стёпа, чьё это фото?

— Над кроватью или над столом?

— Над кроватью.

— Смотри, это я, это Ли Мин—мой китайский друг, это мой папа, а это папа Ли Мина.

— А что ты делаешь в своей комнате?

— Здесь я делаю уроки и отдыхаю.

10. Я родился в деревне, в семье крестьянина, Когда мне было 6 лет, у меня умер отец. Мы с матерью стали жить у бабушки в маленьком городе.

Бабушка меня очень любила. Она часто рассказывала мне сказки и пела народные песни. У неё было много книг известных писателей. С детства я полюбил книги и много читал.

Писать я начал давно. Писал без цели, для себя, никому не показывал. Писал о детстве, о жизни рабочих и крестьян.

Началась война, и я ушёл на фронт. Был я на разных фронтах. Война не позволяла часто писать, но я всё же писал что-нибудь.

После войны я вернулся с фронта. С этого времени начинается моя литературная биография. Я стал писателем с первой же книги. Им сделала меня жизнь.

高考听力训练材料（二十）

1. — Куда ты ходил вчера вечером, Юра?
   — Я был в баре.

2. — Зоя, что ты там рисуешь?
   — Я рисую звёзду.

3. — Нина, твоего дедушку положили в больницу во вторник вечером?
   — Нет, его положили в субботу утром.

4. — Мне нужно проверить письменные работы учеников. А где мой красный карандаш?
   — Не вижу. На столе нет, в моей сумке тоже нет.

5. — Принесите мне два бифштекса и стакан чая. Сколько стоит чай?
   — Чай стоит 10 рублей. Всего с вас 60 рублей.
   — Долго ждать?
   — Сейчас будет готово.

6. — Лилия, твой брат хорошо танцует?
   — Неплохо, в прошлом году он 8 месяцев учился в Пекинском институте танца.
   — А ты была в Китае?
   — Нет, в следующем году я поеду.
   — В какой город?
   — В Харбин на полгода.

7. — Вера, можно вас спросить, что мы будем делать сегодня?
   — Сегодня мы поедем в центр города на площадь Тяньаньмэнь и во дворец Гугун.
   — Дворец и площадь — это близко?
   — Да, площадь Тяньаньмэнь рядом с дворцом Гугун.
   — Замечательно. А как мы поедем? На автобусе?
   — Да, у нас будет свой большой автобус.
   — А завтра мы куда едем?
   — Завтра у нас экскурсия в парк Ихэюань.

8. — Простите, вас прислал нас встречать Иван Петрович?

— Да. А вы из Санкт-Петербурга?

— Да, мы только что приехали.

— Мы вас долго уже ждём и даже начали волноваться.

— К большому сожалению, пароход опоздал.

— Ничего страшного. Дайте мне ваши вещи, наш автомобиль уже ждёт.

9. — Алло! Слушаю.

— Добрый вечер, дядя Иван! У меня к Ане дело. Попросите её к телефону.

— Её нет дома. Она только что ушла.

— Через час она будет?

— Нет. Кажется, она собралась остаться у дедушки вечером.

— Ладно. Тогда передайте, пожалуйста, что звонил Олег и пусть позвонит мне. Мой телефон: 638-86-69.

— Хорошо, передам.

— Спасибо большое. Всего доброго!

10. Моего брата зовут Борис. Он учится в другом городе и первый раз приехал в Москву. Вчера он ходил в Исторический музей, на Красную площадь, а вечером — в Большой театр. Там он смотрел балет "Спартак". Потом он рассказывал мне о Кремле, о Большом театре, о балете "Спартак", который ему понравился. Борис будет геологом. Он хочет посмотреть геологический музей, который находится в Московском университете. Он сказал, что завтра обязательно пойдёт туда.

Московский университет находится на Воробьевых горах. В нём работает 3 тысячи преподавателей, здесь учатся студенты из Европы, Азии, Америки, Африки и даже из Австралии. Московский университет открылся в мае 1755 года. Михаил Васильевич Ломоносов, первый русский великий учёный, был основателем этого университета, поэтому университет называется Московским государственным университетом имени М. В. Ломоносова.

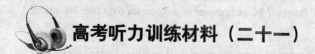 高考听力训练材料（二十一）

1. —Скажите, пожалуйста, этот автобус идёт на улицу Чехова?

—Нет, на улицу Чехова идёт 18-й автобус.

—Спасибо.

2. —Бабушка, где моя ручка?

—Под твоей кроватью.

3. —Какая сегодня погода?

—Сегодня прохладно, одевайтесь потеплее.

4. —Я хочу выпить за ваше здоровье.

—Спасибо. За нашу встречу!

5. —Олег, ты далеко живёшь от университета?

—Довольно далеко.

— Расскажи, как ты ездишь в университет.

—Сначала я иду на трамвайную остановку, еду на трамвае и потом еду на метро.

6. —Я вижу, Анна садится в машину. Куда это она поехала?

—Я думаю, в поликлинику. Она плохо себя чувствует.

—А куда ты идёшь, Марк?

—В кабинет. Забыл там свои бумаги.

7. —Нина! Сколько тебе было лет, когда ты пошла в школу?

—Шесть лет. А тебе, Алёша?

—А мне семь. Сколько лет ты училась в начальной школе?

—Четыре года. А ты?

—А я пять лет.

8. —Здорово, Лена! В воскресенье мы идём с друзьями в горы. Ты не хочешь пойти с нами?

—С удовольствием. Скажи, пожалуйста, с кем ты идёшь?

—С Лю Ли. Мне кажется, что ты её уже видела. Я говорил тебе, что она моя лучшая подруга.

—Хорошо, А я возьму с собой Антона. Ты помнишь, чем он увлекается?

—Да, помню. Он хорошо поёт и играет на гитаре. Скажи только своему другу, что поход будет трудный. Подниматься в горы — это непросто.

—Да, конечно. Ведь говорят, что друга можно проверить в горах. Если он шёл с тобой рядом, не оставил тебя в беде, значит, это настоящий друг.

—Я, кажется, понял, о чём ты говоришь. Я знаю одну песню, она называется «Песня о друге».

—Ты знаешь эту песню? Мы споём её в походе на отдыхе. Ну пока!

—До встречи!

—Пока! До воскресенья! Встречаемся в 10 часов на старом месте.

9. —Молодой человек, ваша фамилия?

—Петров. А ваша фамилия?

—Петрова. Как вас зовут?

—Николай Иванович. А как ваше имя?

—Ольга Сергеевна. Где вы работаете?

—Я работаю на заводе. А вы?

—В поликлинике. А ваш адрес?

—Москва, Комсомольский проспект, дом 8, квартира 26.

10. **Был такой случай: загорелся дом. Когда пожарные приехали к дому, к ним выбежала женщина. Она плакала и говорила, что в доме осталась двухлетняя девочка.**

Пожарные послали на помощь собаку Боба. Боб побежал по лестнице и скрылся в дыму.

Через 5 минут Боб выбежал из дому. В зубах за рубашку он нёс девочку.

Мать бросилась к дочери и заплакала от радости, что дочь жива.

Пожарные гладили собаку, но она побежала обратно в дом и скоро опять выбежала с чем-то в зубах.

Когда народ рассмотрел то, что она несла, все расхохотались: она несла большую куклу.

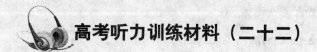 高考听力训练材料（二十二）

1. —Я хочу купить авиаконверт.

   —Пожалуйста. С вас 51 копейка.

2. —Скажите, пожалуйста, когда приходит поезд из Киева?

   —В двадцать один час.

3. —Куда ты идёшь, Маша?

   —В банк.

4. —Вера, что ты тут делаешь?

   —Пишу диссертацию.

5. —Здравствуй, Лена! Слышал, скоро ты выходишь замуж. Когда?

   —На будущей неделе.

   —И за кого ты выходишь?

   —За офицера.

6. —Как выглядит твой друг, Ася?

   —Он высокий, стройный. У него чёрные глаза, прямые волосы.

   —А какой у него характер?

   —Он добрый, вежливый, но иногда неаккуратный.

7. —Здравствуйте, ребята! Сегодня у нас в гостях туристы из России — Иван Петрович и его дочь Лена. Уже месяц они путешествуют по Китаю. Давайте поздороваемся с ними.

   —Здравствуйте!

   —Здравствуйте, ребята! Нам очень приятно с вами познакомиться.

   —Тема нашего урока сегодня —"Родина". Скажите, ребята, что такое Родина?

   —Родина — это земля, где ты родился.

—Родина — это моя семья, мой дом, мои родители.

—Родина — это моя страна, моя культура.

—Правильно, ребята.

8. —Как вы проводите свободное время, Иван Петрович?

—В хорошую погоду мы с друзьями идём гулять.

—Куда обычно? Просто в парк или за город?

—Стараемся ходить пешком за город. А летом ходить в лес и на реку. Я люблю гулять по лесу весной. Воздух свежий, птицы поют.

—А где вы были в последнее воскресенье?

—Мы всей семьёй ездили в Горки, в Дом-музей Ленина.

—И мы собираемся туда.

9. —Алло, позовите, пожалуйста, Сяолуна!

—Это я. Привет, Алёша!

—Привет, Сяолун! Как ты себя чувствуешь?

—Спасибо, уже лучше.

—Ребята все тебя ждут. Вчера у нас были соревнования по баскетболу.

—Наши выиграли?

—Нет, наши проиграли десятому классу, со счётом 20:38.

—Передай ребятам, что я скоро поправлюсь. В следующий раз мы обязательно у них выиграем.

—Выздоравливай скорее. Нам очень нужен капитан. Завтра у нас будет тренировка. Если сможешь, приходи в три часа в спортивный зал.

—Хорошо. Я постараюсь. Передай привет ребятам.

10. Природа красива и богата.

Вся наша жизнь имеет тесную (紧密的) связь с природой.

Человеку нужен чистый воздух. Без него не могут жить ни люди, ни животные, ни растения. Велико значение для нас и воды. Вода нужна не только для нашей жизни, но и для производства (生产). Без воды не могут работать заводы и фабрики, не может расти рис на полях.

С каждым годом людям нужно всё больше металла, нефти, угля. Всё это берёт человек из земли. Но эти богатства не бесконечны. И человек должен их беречь и правильно использовать.

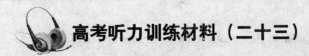

高考听力训练材料（二十三）

1. —Лилия, когда начнёт работу новая электростанция?

—Третьего августа.

2. —Здравствуйте. Меня зовут Игорь, я студент.

—Очень приятно. А я Володя.

3. —Петя, ты не знаешь, который час?

—Сейчас без двадцати пяти десять.

4. —Ира, кем работает ваш старший брат?

—Он работает учителем математики в школе.

5. —Лёша, сколько тебе было лет, когда ты пошел в школу?

—Мне было 7 лет.

— А сколько тебе будет, когда ты окончишь школу?

— 18 лет.

6. —Ваня, ты не знаешь, кто это?

—Это специалисты из Пекина. Приехали неделю назад.

—А что они тут делают?

—Делают доклад в нашей школе.

7. —Сергей, что ты будешь делать вечером?

— Я буду читать сказки Пушкина.

—А вы, ребята, что делаете сегодня вечером?

—Я буду рисовать.

—А Митя и Володя?

—Я не знаю, что они будут делать.

8. —Ребята, вы куда?

—На реку. Пошли вместе с нами.

—А что мы будем там делать?

—Смотреть, как люди плавают.

—Кто же в такую погоду плавает? Холодно очень, минус 15 градусов.

—Есть смелые люди. Они плавают зимой, даже когда идёт снег. Вот наш учитель такой. Он

сегодня плавает.

—Алексей Фёдорович? Тогда я пойду с вами, посмотрю.

9. —Вам помочь?

—А что, вы говорите по-русски?

—Да, я учил русский язык в школе.

—Прекрасно! Мы хотим посмотреть вот эти открытки. Помогите нам, пожалуйста!

—С удовольствием.

—Это Пекин?

—Да, конечно.

—Мне нравится эта открытка. Сколько она стоит?

—Один юань.

—Я, пожалуй, возьму десять таких открыток. А где здесь продают конверты и марки?

—В третьем окне.

—Спасибо большое.

—Пожалуйста.

10. В Москве один раз в три года проводится международная олимпиада школьников по русскому языку. Такие олимпиады стали уже традицией.

В первой международной олимпиаде в 1972 году принимали участие 75 школьников из 16 стран, во второй в 1975 году — 160 школьников из 27 стран, в третьей в 1978 году — 243 школьника из 31 страны, а в четвёртой в 1981 году уже 350 школьников из 39 стран мира.

Участники олимпиады вели беседы на разные темы, отвечали на вопросы, выполняли задания по проверке знания русской действительности: «У карты России», «Русское кино», «Театр», «Труд, учёба, отдых, русская молодёжь», «Спорт в России», «Русские писатели, художники, композиторы». Всем участникам олимпиады было очень интересно.

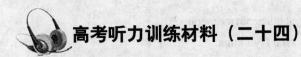

高考听力训练材料（二十四）

1. — Вы не знаете, сколько сегодня градусов?

— По телевизору передавали: пять – семь градусов. Идёт дождь. Не забудьте зонтик.

2. — Серёжа, дай мне, пожалуйста, новый номер журнала «Вокруг света».

— А ты долго будешь его читать?

— Сколько в нём страниц? Сорок? За день прочитаю.

3. — Ребята, эти места свободны?

— Нет, заняты. Здесь сидят Юра и Яша.

4. — Анна, почему ты не пришла вчера к Анне Петровне?

— Я не могла: встречала брата.

5. — Ребята, почему учиться важно для всех: и для школьников, и для взрослых?

— Потому что мы хотим работать для своей страны.

— Верно. Поэтому мы должны много знать. А чтобы много знать, надо много учиться.

6. — Нина, когда ты будешь свободна, в понедельник или во вторник?

— И не в понедельник, и не во вторник, а только в среду. А что?

— Тогда я зайду к тебе в среду, если можно. У меня к тебе дело.

— Хорошо, буду ждать.

7. — Что вы хотите?

— У вас есть журнал «Наука и техника» за 1983 год?

— Есть. А какой номер вам нужен?

— Дайте, пожалуйста, апрельский.

— Пожалуйста, получите.

— Спасибо.

8. — Здравствуй, Лида!

— Здравствуй, Яша!

— У нас завтра в школе будут соревнования по волейболу. Хочешь посмотреть?

— Да, с удовольствием. Я очень люблю играть в волейбол.

— Но я боюсь, что завтра будет не очень интересная игра. Мы можем проиграть.

— Почему?

— Ребята плохо подготовились, и ещё наш капитан заболел. Вместо него будет играть другой мальчик. Он очень хороший футболист, но плохо играет в волейбол.

— Не беспокойся. Я верю, что ребята выиграют.

9. — Привет, Надя.

— Здравствуй, Шура.

— Надя, я хочу пригласить тебя в субботу к нам в гости.

— Правда? ! Спасибо, приду с удовольствием. А по какому случаю ты собираешь гостей?

— В субботу будет мой день рождения. Я хочу собрать своих друзей.

— А кого из друзей ты хочешь пригласить?

— Я хочу пригласить Витю. Он увлекается гитарой и что-нибудь нам сыграет.

— А Ира будет? Она увлекается пением и хорошо поёт.

— Да, я Иру тоже пригласил.

— Хорошо, я возьму с собой фотоаппарат и сфотографирую вас.

— Отлично! До субботы.

10. На концерте

Однажды советский поэт Маяковский выступал на концерте со своими стихами. Люди слушали внимательно. Стихи им очень нравились. Когда Маяковский кончил читать стихи, он спросил:

— Кто в следующий раз придёт слушать мои стихи?

Почти все подняли руки.

— А кто не придёт?

Один молодой человек поднял руку.

— Скажите, товарищ, — сказал Маяковский, — почему вы не придёте? Вам не понравились мои стихи?

— Ваши стихи мне очень нравятся, — ответил молодой человек. — Но я не приду, потому что сегодня еду домой, в Ленинград.

— Тогда я приеду в ваш город! — сказал Маяковский.

高考听力训练材料（二十五）

1. — Настя, ты играешь на рояле?

   — Не играю. Я ничего не понимаю в музыкальных инструментах.

2. — Зина, как ты провела каникулы?

   — В июле ходила в туристический поход, а потом уехала к бабушке.

3. — Скажите, пожалуйста, что преподают в России в средней школе?

   — Литературу, математику, иностранный язык, физику и многие другие предметы.

4. — Таня, это ты написала статью, которую хвалят в газете?

   — Конечно.

5. — Девушка, я хотел бы купить букет цветов, но не знаю, какие цветы лучше.

   — А кому вы покупаете?

   — Дочери, ей исполняется 15 лет.

   — Тогда возьмите 15 красных роз. 1500 рублей с вас.

6. — Ой, какой торт! Андрей, куда ты идёшь?

   — Я к учителю. У него день рождения. А куда ты, Маша?

   — Я к другу. У него новоселье.

7. — Скажите, метро есть только в Москве?

   — Нет, что вы! В России много больших городов, и там уже есть или строится метро.

   — А когда прошёл первый поезд московского метро?

   — Это было более 70 лет назад. Тогда работало только 10 станций.

   — Вы не знаете, когда метро начинает работу?

   — Станции метро открываются в 6 часов утра, а закрываются в час ночи.

8. — Здравствуйте! Давайте познакомимся, меня зовут Володя.

   — Очень приятно. Меня зовут Маша.

   — Вы откуда приехали?

   — Из Москвы.

   — Вы первый раз в Сибири?

   — Да. А вы?

   — Я работаю на БАМе уже три года.

   — Неужели? А работать здесь трудно?

   — Как сказать, работа, конечно, нелёгкая, но если мы будем работать дружно, тогда будет не очень трудно.

   — Думаю, мы будем работать дружно и станем хорошими друзьями.

— Я тоже так думаю.

9. — Вася, ты занимаешься спортом?

— Да, занимаюсь.

— Каким видом?

— Баскетболом.

— Ты в команде играешь?

— Да, в нашей школьной. В прошлом году мы заняли первое место на городских соревнованиях.

— А твой друг Павел? Чем он увлекается?

— Он не занимается спортом. Он просто болельщик.

10. Сын уехал в командировку за границу. Его жена и маленькая дочка тоже. Мать осталась одна. Она стала часто болеть.

Однажды накануне Нового года к матери пришёл товарищ сына, который работал за границей вместе с ним. Он передал ей подарок от сына — магнитофон. Мать была очень рада гостю. Она начала расспрашивать его, как живут сын, его жена и маленькая внучка.

Гость ничего не ответил. Он подошёл к магнитофону и включил его. И вдруг мать услышала голос. Она испугалась: не сон ли это?

Нет, это был не сон. Это был голос её сына. Маленькая внучка прочитала бабушке стихи о букве «р». Раньше она не могла произносить её правильно, а теперь говорила правильно и громко.

Мать слушала и улыбалась, а сердце её пело от счастья.

 高考听力训练材料（二十六）

1. — Мне нужно в центр. Где здесь остановка автобуса?

— Зачем тебе автобус? На этой улице остановки нет. Гораздо лучше на метро. Станция метро рядом.

2. — Мамочка, где моя рубашка?

— В шкафу висит.

3. — Смотрите, это наш учитель бежит впереди?

— Да, он быстро бегает!

— Он займёт первое место.

4. — Петя, на кого ты похож?

— Я похож на дядю по матери.

5. — Что будешь пить, Лена?

— Как всегда, свой традиционный чай с молоком и сахаром.

— А я без молока. С детства не люблю молоко.

— В молоке много полезных веществ. Это очень здоровый напиток.

6. — Здравствуйте! Вы Ли Мин?

— Да, я Ли Мин.

— А меня зовут Николай Борисович. Вы уже знаете, что я буду вашим научным руко-
водителем?

— Да, знаю и очень рад. Ещё на родине я много слышал о вас, о ваших очень интересных
работах. И давно мечтал с вами познакомиться.

7. — Ой, какая замечательная собака! Сколько она стоит?

— 200 рублей.

— Я беру её. Вот 1000 рублей.

— Спасибо. Это вам сдача 800 рублей.

— Скажите, пожалуйста, собака верная?

— Да, очень. Я продаю её уже второй раз.

8. — Привет, Юра! Рад тебя видеть. Как твои дела?

— Неплохо. Я уже хорошо понимаю по-русски и немного говорю.

— Отлично! Кто у вас преподаёт язык?

— Ольга Николаевна, знаешь?

— Конечно, знаю. Она учила меня. А ты хорошо понимаешь на уроке?

— Понимаю почти всё, но не успеваю записывать.

— А ты записывай только самое главное, остальное можно прочитать в учебнике.

— Я так и делаю.

9. — Марина, ты была в Большом театре?

— Нет, это моя мечта.

— Могу тебя обрадовать. У меня есть 2 билета.

— На балет или оперу?

— А тебе не всё равно? В Большом театре интересно и то и другое.

— Да, я знаю. Но балет лучше, в опере я не понимаю слов.

— Ах, вот в чём дело. Обрадую тебя ещё раз. Билеты на балет «Лебединое озеро».

— Да что ты?! Я очень люблю этот балет. Вот спасибо! Так когда мы идём, Максим?

— Сегодня вечером. Вот держи!

— А почему два? Ты что, не идёшь?

— Да, к сожалению, я никак не могу сегодня.

— Как жалко!

10. Это случилось поздно вечером в большом городе. В одной из больниц неправильно выдали
лекарство. Это была ужасная ошибка: если больной примет это лекарство, никто не сможет

помочь ему. Когда врач понял свою ошибку, больной уже ушёл из больницы.

В больнице знали только фамилию больного — Иванов. Что делать? Решили немедленно сообщить по радио об ошибке, которая произошла только что. Через 15 минут по радио сообщили: «Только что больному Иванову неправильно выдали лекарство. Помогите найти этого человека! Он может погибнуть». Знакомые и незнакомые люди передавали сообщение друг другу, рассказывали об этом на улицах...

И очень скоро этого человека нашли.

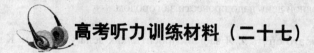 高考听力训练材料（二十七）

1. —Петя, это чья энциклопедия?
    —Ирины Петровны.

2. —С кем вы будете встречать Новый год, Лариса?
    —С нашими друзьями, которые живут в 26-ой квартире. Они пригласили нас встречать Новый год вместе с ними.

3. —Андрей, ты отлично выглядишь. Рассказывай, какие у тебя новости.
    —Был дома, в Красноярске, увиделся со всеми своими друзьями. Много новостей. А потом на две недели ездил с родителями отдыхать на Байкал.

4. —Какая встреча, Вера! Как ты на Красную площадь попала?
    —Здравствуй, Коля! Мы на экскурсию приехали.

5. —Машенька, сколько тебе лет?
    —Мне 5 лет.
    —Ты первый раз на выставке?
    —Первый.
    —Тогда мы советуем тебе посмотреть игрушки, они тебе понравятся.

6. —Сколько лет вашему старшему сыну? Он ведь уже взрослый?
    —Да, ему 21 год. Он уже работает.
    —А младшему?
    —Младшему только 5 лет. Он ещё играет в игрушки.

7. —Я, кажется, придумала, что подарить Денисову. Давайте купим ему фотоаппарат.
    —Разве у него нет? Он ведь занимается фотографией.
    —Был, но сломался.
    —Хорошо. А здесь есть отдел фототоваров?
    —Первый этаж, 3-я линия.

8. —Что будем делать завтра?

—А какой завтра день?

—Воскресенье.

—Да, стоит подумать.

—Кто знает, какая завтра будет погода?

—Я не слышала прогноза погоды.

—А я слышала. По радио сказали, что будет жарко. Дождя не будет.

—Давайте поедем за город.

—Конечно, выходной день надо провести за городом.

9. —Извини, Миша, это опять я. Я забыл спросить, как дела у Наташи. Как у неё настроение перед экзаменами?

—Настроение хорошее, только много занимается. Ведь ей важно хорошо сдать экзамены, чтобы аттестат был хороший.

—А куда она решила поступить?

—Это секрет. Пока просила не говорить.

—Ну, секрет, так секрет. А летом она никуда не поедет отдыхать?

—Нет, наверное. Может быть, только к бабушке на неделю. В июле будет готовиться, а в августе уже будет сдавать вступительные экзамены.

10. Я был в туристическом походе на Урале. Какая там красивая природа! Реки там быстрые, и вода в них такая чистая, что можно увидеть рыбу. А вокруг воды, деревья, тайга. Каждый день наши парни ходили на охоту, ловили рыбу, а девушки собирали в лесу грибы и ягоды. Погода была прекрасная! У нас была гитара, и вечером мы любили петь песни около костра. Дни бежали так быстро, что я даже не успел никому написать. Я решил, что лучше один раз показать, чем несколько раз рассказать. Поэтому я привёз вам фильм о нашем походе.

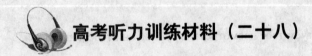

高考听力训练材料（二十八）

1. —Скажите, пожалуйста, сколько времени летит самолёт в Петербург?

—55 минут.

2. —Игорь, что с тобой?

—У меня болит нога.

3. —Ты не знаешь, когда уходит поезд в Санкт-Петербург?

—В 19:40.

4. —Ира, какие у тебя сегодня уроки?

—Сегодня будут уроки географии, английского языка и физкультуры.

5. —Петя, будет интересная передача. Включи телевизор!

—А ты, Оля, сделала домашние задания?

—Нет ещё.

—Тогда нельзя.

6. — Никита Николаевич, когда вы уезжаете?

—Дня через два.

—Вот и прекрасно! Приходите сегодня к нам в гости: у меня день рождения.

—Что вы говорите? Поздравляю вас! Обязательно приду.

7. —Будьте добры, я хочу посмотреть шапку.

—Какой у вас размер?

—Пятьдесят седьмой.

—Вот эту, пожалуйста, померьте.

—Она мне не мала? Как вам кажется?

—Нет, она вам как раз и очень идёт.

—Тогда я её возьму.

8. —Кстати,Таня, ты завтра занята?

—Утром я работаю, а во второй половине дня свободна. А что?

—Можно было бы съездить за подарками?

—Давай. Где встречаемся?

—У дома моделей. Без четверти два.

—Хорошо. Тогда до завтра. Привет Саше.

—Спасибо, передам.

9. —Скажите, пожалуйста, Аня, где сейчас живёт ваш брат и его семья?

—Они живут в Украине, в городе Харькове.

—Ваш брат работает?

—Да, он работает в лаборатории. Он химик.

—А его жена?

—Она техник. Она работает на электростанции.

—Их дети тоже в Харькове?

—Да, они тоже живут в Харькове.

10. Лена пришла из школы в 2 часа. Сейчас она учит уроки. Мама тоже дома. Она сидит на диване у окна и читает. Папы уже два месяца нет дома. Сейчас он работает в Киеве. Вдруг Лена услышала звонок. Она открыла дверь.

—Получите телеграмму. Напишите, когда вы получили телеграмму.

—Пожалуйста. А сколько сейчас времени?

—25 минут четвёртого.

—Мама, слушай! Сейчас наш папа уже летит на самолёте. Его самолёт прибывает в Москву в 16 часов 35 минут.

—А сейчас уже половина четвёртого. Поедем встречать папу.

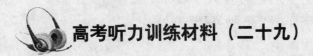

高考听力训练材料（二十九）

1. —Олег, что ты вчера смотрел?

   —Фильм «Ты у меня одна».

2. —В котором часу отходит ваш поезд?

   —Ровно в 12.

3. —Нина, ты вчера была на уроке?

   —Нет, не была.

   —Мне сказали, что ты заболела.

   —Да, я действительно была больна.

4. —Здравствуйте, Иван Иванович! Проходите, пожалуйста. Будьте как дома.

   —Мария Васильевна, познакомьтесь, это моя жена Ирина Викторовна.

   —Рада познакомиться. Много слышала о вас.

   —Я тоже очень рада. А это наши дети — Максим и Рита.

5. —Скажите, пожалуйста, как работает библиотека?

   —Она работает с 8 утра до 8 вечера.

   —А когда перерыв?

   —С 12 до 2.

   —Спасибо.

6. —Я закончил работу. Надя, не хочешь пойти со мной в кино?

   —Почему бы нет? С удовольствием, Толя.

   —Тогда пойдём прямо сейчас?

   —Ладно.

7. —В какие часы работает магазин?

   —Магазин открыт с 10 часов утра до 7 часов вечера.

   —А когда перерыв?

   —Мы работаем без перерыва.

8. —На чём мы поедем на вокзал — на трамвае или на троллейбусе?

   —И на трамвае, и на троллейбусе до вокзала ехать 10 минут.

   —Наверно, можно и на автобусе?

—Конечно. Но лучше поедем на троллейбусе.

—Хорошо, давай.

9. —Добрый день, Коля!

—Привет, Аня!

—Ты свободен сегодня вечером?

—Свободен. А что?

—Алёша сказал, что в кинотеатре идёт очень интересный фильм.

—Как называется?

— «Двенадцать».

—Извини, этот фильм я уже видел. Он мне очень понравился. Может быть, Олег пойдёт с тобой?

—А ты уверен, что у него будет время вечером?

—Уверен. Пригласи его. Он не видел этот фильм.

—Так и сделаю.

10. Маленький Петя говорил всем взрослым «ты». Учитель захотел научить Петю говорить правильно и поэтому заставил его 50 раз написать в тетради предложение: «Никогда не буду говорить своему учителю ты».

На следующий день, когда учитель проверил тетрадь мальчика, он с удивлением спросил его:

—Почему ты написал это предложение не 50 раз, а 100?

—А чтобы ты был доволен, — вежливо ответил мальчик.

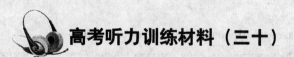 高考听力训练材料（三十）

1. — Познакомьтесь, пожалуйста, это моя подруга Катя.

— Очень приятно.

2. — Скажите, пожалуйста, где здесь театр?

— Впереди, около магазина «Дружба».

3. — Нина, это ты? Какая встреча! Как ты попала в Эрмитаж?

— Здравствуй, Лиза! Мы на экскурсию приехали.

4. — Миша, чей это словарь?

— Может быть, это словарь Маши.

— Нет, это словарь Нади.

5. — Бабушка, сколько лет вашему внуку?

— Ему столько месяцев, сколько мне лет.

— А сколько же вам лет?

— Мне 60 лет.

6. — Познакомьтесь, пожалуйста, Это наш новый преподаватель, Анна Петровна.

— Очень приятно. Меня зовут Елена Андреевна.

— Очень рада с вами познакомиться. Называйте меня просто Анна.

— А как ваша фамилия, Анна?

— Моя фамилия Михайлова.

7. — Скажи, Антон, какие виды спорта ты любишь?

— Баскетбол и плавание.

— А что ты больше всего любишь?

— Больше всего, конечно, баскетбол.

— А твои друзья Иван и Андрей?

— Иван большой любитель футбола, а Андрей любит волейбол.

8. — Добрый день! Что вы хотите на обед?

— Пирожки, рыбу и салат.

— Пирожки с мясом или с капустой?

— Конечно, с мясом.

— А что вы будете пить? Пиво? Вино?

— Нет, минеральную воду, пожалуйста.

9. — Ольга, здравствуй!

— Таня, это ты? Здравствуй! Как дела? У тебя фигура заметно изменилась к лучшему!

— Правда?

— Да, ты похудела, стала стройнее. Это тебе очень идёт.

— Спасибо. Я стала чувствовать себя гораздо лучше. Это с тех пор как я начала ходить в спортивный клуб, я изменилась.

10. У меня есть брат. Его зовут Андрей. Ему 20 лет. Он очень хорошо рисует. Когда он был маленьким, он хотел стать художником и обязательно известным. Но однажды, когда он учился уже в 10-ом классе, он сказал мне: «Я не знаю, каким художником я буду — известным или неизвестным. И, может быть, это не очень важно. Сейчас я думаю, что важно любить своё дело, свою профессию. Я решил стать учителем рисования. Буду учить детей рисовать, и рисовать сам». Сейчас Андрей учится в педагогическом институте, как и раньше, много рисует. Я думаю, что он будет хорошим художником.

1. — Настя, спасибо тебе за помощь!

   — Не за что, Инна.

2. — Скажите, сколько стоит этот словарь русского языка?

   — 120 рублей.

3. — Мама, где моё новое платье?

   — Новое платье? На диване.

   — Нет его там.

   — Тогда посмотри в шкафу.

   — Да, я нашла.

4. — Мама, я хочу пригласить мою хорошую подругу Лену на день рождения.

   — Конечно, Верочка, и ещё Свету?

   — Да, Свету и Лизу.

5. — Какая завтра будет погода?

   — Завтра будет жарко и душно.

   — Будет дождь?

   — Нет.

6. — Катя, ты знаешь, кто построил здание Большого театра?

   — Если не ошибаюсь, его построил архитектор Кавос в середине 19 века.

   — Откуда ты всё это знаешь, Катя?

   — У нас дома много книг об известных композиторах, художниках, музыкантах, архите-
   кторах.

7. — Надя, где ты была вчера?

   — Была на интересных соревнованиях по футболу.

   — Кто играл?

   — Наш университет с Техническим.

   — Ну и как? Кто выиграл?

   — Наши, к сожалению, проиграли, хотя сначала выигрывали со счётом 2:1.

   — Да? Вот не ожидал. У нас ведь сильная команда!

   — Но не знаю, почему вчера они так плохо играли.

8. — Алло, Таня, это говорит Олег.

   — Олег, здравствуй!

   — Таня, ты не забыла, что мы идём вечером на концерт.

— Нет, не забыла.

— Я буду ждать тебя в 6 часов в метро.

— А если я опоздаю?

— Я буду ждать, не опаздывай.

9. — Здравствуйте, такси свободно?

— Да, пожалуйста, добрый день. Вам куда?

— Я заблудился. Я турист. У меня в 2 часа дня в гостинице «Юность» обед. А сейчас уже ровно 2 часа.

— Не волнуйтесь. На 10 минут можно опоздать. Это недалеко.

— А сколько с меня?

— Всего 100 рублей.

10. Космонавт Алексей Леонов родился 30 мая 1934 года в Сибири. Алёша жил в большой дружной семье. У него было 2 брата и 6 сестёр. В их семье все помогали друг другу и всегда жили дружно. В 1941 году Алёша начал ходить в школу. Учился он хорошо. С детства Алёша любил рисовать и очень много рисовал. В школе его все любили.

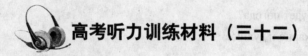

高考听力训练材料（三十二）

1. —Нина, видишь вон высокую молодую девушку. Это наша новая учительница английского языка.

— Она из Англии?

— Нет, из Америки.

2. — На что вы жалуетесь?

— У меня болит голова и горло.

3. — Иван Петрович, вы должны бросить пить и курить, потому что ваши лёгкие плохо работают.

— Доктор, как же я буду жить без пива и сигарет?

4. — Вы не знаете, когда начинается концерт?

— В половине восьмого.

— А который сейчас час?

— Без пятнадцати семь.

5. — Вам пиво или водку?

— Нет, я на машине. Пожалуйста, минеральную воду.

6. — Нина, ты слышала прогноз погоды на завтра?

— Да. Завтра будет холодно, сильный ветер. Температура 15 градусов ниже нуля.

— А снег будет?

— Нет. Но погода пасмурная.

— Холоднее, чем сегодня.

7. — Иван Иванович, кто это? Ваша дочь?

— Да что вы, это моя жена.

— Извините, она тоже журналист, как вы?

— Нет, она преподаватель. А это мой сын Миша.

— А кто он?

— Он сейчас аспирант. Недавно ездил в Англию.

— Да? Это очень хорошо.

8. — Алло, можно попросить доктора Лебедева?

— Сейчас он занят, делает операцию.

— Когда он освободится?

— Через полтора часа, наверное.

— Вы не знаете его домашний телефон?

— Пожалуйста, 712-58-20.

9. — Садитесь, пожалуйста. Откройте рот. Так. Какой зуб вас беспокоит?

— Вот этот.

— Так. Шестой нижний слева. Давно он болит?

— Нет, он начал болеть вчера вечером.

— Ну что же, посмотрим, что с ним можно сделать. Может быть, можно ещё вылечить, а возможно, придётся его удалить.

— Может быть, можно поставить пломбу?

— Да, можно. Сегодня я почищу зуб, положу в него лекарство и поставлю временную пломбу.

10. Зимой Митя катался на санках с ледяной горы и на коньках по замёрзшей реке. Прибежал домой, говорит отцу:

— Так весело зимой! Я бы хотел, чтобы всё время была зима!

Пришла весна. Митя бегал по зелёной траве, набрал цветов, прибежал к отцу и говорит:

— Как хорошо весной! Я бы хотел, чтобы всё время была весна!

Наступило лето. Митя с отцом пошли на поле.

— Как здесь весело! Пусть бы никогда не кончалось лето!

И вот пришла осень. Митя снова радовался и говорил:

— Осень — самое лучшее время года!

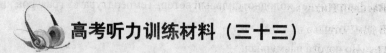

高考听力训练材料（三十三）

1. — Пожалуйста, два конверта с марками.

   — Авиа или простые?

   — Авиа.

   — 13 рублей.

2. — Маша, привет! Что нового? Как жизнь?

   — Нет ничего нового. А как твои дела, Рита?

   — Послезавтра я уезжаю в Москву на три недели.

3. — Антон, кто ты по профессии?

   — Я учитель физкультуры. А вы работаете, Анатолий Степанович?

   — Нет, мне 63 года. Я уже на пенсии.

4. — Роман, я хочу пригласить Иру в театр, но не знаю, в какой.

   — Я советую тебе купить билеты в Мариинский театр на балет.

   — Хорошо.

5. — Надя, какой у тебя любимый предмет?

   — Рисование, физкультура. Но больше всего я люблю китайский язык.

6. — Вы не могли бы сказать, во сколько приходит поезд из Санкт-Петербурга?

   — Из Санкт-Петербурга? По расписанию поезд прибывает в девять ноль пять.

   — А почему всё ещё нет поезда?

   — Только что сообщили, что поезд опаздывает на сорок минут.

7. — Марина Тимофеевна, я хочу извиниться за то, что не был у вас на дне рождения. В это время у меня было выступление на телевидении.

   — А как прошло ваше выступление, Иван Семёнович?

   — Спасибо, неплохо.

8. — Костя, где ты был вчера вечером? Я звонила тебе несколько раз. А тебя всё не было.

   — Вчера был день рождения моего друга Бориса. И вечером все друзья собрались в баре и устроили для него маленький вечер.

   — И что там было на вечере?

   — Мы пели песни, танцевали, веселились, ели торт, пили кофе и пиво. И конечно, подарили ему наши подарки.

   — Значит, вы провели замечательный вечер.

   — Да, конечно. Даже Борис сказал, что этот вечер будет для него незабываемым.

9. — Василий Николаевич, где вы отдыхали в этом году?

— В доме отдыха в Сочи.

— Прекрасно. Вы были там с женой?

— Да, и ещё наши дети: сын и дочь.

— Как долго вы там были?

— Полтора месяца. Мы загорали и купались. Пляж там прекрасный!

— Да. Чёрное море детям понравилось?

— Ещё бы, они не хотели возвращаться.

10. Михаил Васильевич Ломоносов родился в 1711 году в деревне, которая находилась на севере около Белого моря. Он рано начал работать и помогать семье. Ломоносов очень хотел учиться. Он прочитал и почти выучил наизусть все книги, которые смог найти в деревне. Но в деревне, где жил Ломоносов, не было школы. А в городе, который был недалеко, он не мог учиться, потому что он был сыном крестьянина.

В 1730 году, зимой, Ломоносов решил отправиться учиться в Москву. Но у него не было денег, поэтому он пошёл пешком. В Москве он смог поступить в школу, потому что не сказал, что он сын крестьянина. Потом Ломоносов учился в Киеве, Петербурге и в университетах Германии, потому что тогда в России не было университетов.

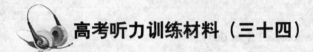

高考听力训练材料（三十四）

1. — Катя, кто это на фотографии?

— Моя мама.

— Какая она молодая, красивая!

2. — Вам чай или кофе?

— Кофе с молоком, пожалуйста.

3. — Вы знаете Сергея и Марию?

— Знаю, конечно. Они учатся в педагогическом университете на филологическом факультете.

4. — Алло, попросите, пожалуйста, Нину к телефону.

— Извините, её нет дома. Она пошла в кино со своей подругой.

5. — Софья, знаешь, в новом полугодии у нас будет новый учитель русского языка.

— Правда? Откуда он приехал?

— Из Новосибирска.

6. — Алло, Иван Иванович дома?

— Я слушаю, а кто говорит? Петров?

— Нет, я Алексей. Сегодня вечером у нас будет собрание, вы свободны?

— Конечно, в который час?

— В половине восьмого.

7. — Добрый вечер, Наташа.

— Рада вас видеть, Джон. Как вы себя чувствуете?

— Замечательно. Мы у вас на даче прекрасно отдохнули.

— Я боялась, что вы с Анной простудитесь. Ведь было довольно прохладно.

— Ну что вы! Американцы не боятся прохладной погоды. Для нас такая погода считается тёплой и даже жаркой.

— Вы знаете, Джон, я так люблю лес, что мне нравится за городом в любое время года.

— Абсолютно с вами согласен!

8. — Девушка, покажите мне, пожалуйста, вот эти туфли.

— Эти?

— Да нет. Рядом, чёрные на высоком каблуке.

— Какой размер?

— Двадцать третий.

— Пожалуйста. Садитесь сюда и примерьте.

— Они мне узки. Дайте, пожалуйста, на размер больше.

— Пожалуйста.

— Ой, какие они удобные! Я их беру.

9. — Скажите, пожалуйста, сколько стоит билет на поезд в Санкт-Петербург?

— В Санкт-Петербург? 360 рублей.

— Сколько времени идёт поезд до Санкт-Петербурга?

— 22 часа.

— Когда он отправляется?

— В семь часов двадцать минут вечера.

— Дайте, пожалуйста, два билета на 12 июня.

— Пожалуйста.

10. В 1741 году Ломоносов вернулся из-за границы на родину и начал работать в Академии наук России. Здесь он создал первую химическую лабораторию, написал много научных работ, читал лекции, перевёл на русский язык много книг. Он знал несколько иностранных языков. Ломоносов создал университет в Москве — он сейчас носит его имя.

Ломоносов был физиком, химиком, математиком, астрономом, историком, геологом, художником и филологом. Он был поэтом, писал стихи и поэмы, которые сегодня изучают школьники и студенты филологических факультетов в разных университетах и институтах нашей страны.

Великий русский поэт А. С. Пушкин так писал о М. В. Ломоносове: «Он создал первый университет. Но лучше сказать, сам был первым нашим университетом».

高考听力训练材料（三十五）

1. — Верочка, как я тебе благодарна за то, что ты помогла Андрюше исправить двойку по
    математике.

    — Ну что вы, Алла Васильевна, не надо благодарить меня. Андрюша сам очень старался, я
    только немного ему помогла.

2. — Витя, у тебя есть велосипед?

    — Жаль, у меня нет. Может быть у Сергея есть, ой вспомнил, у Алёши есть.

3. — Ира, твоя сестра работает или учится?

    — Она скоро будет работать. Но пока она учится в аспирантуре.

4. — Вера, что нам надо купить на ужин?

    — Я могу купить овощи, а ты купи молоко и хлеб.

    — Я согласен.

5. — Ирина, что ты делала в воскресенье?

    — Гуляла в парке с родителями, делала домашние задания.

6. — Алло, Шура! Почему ты вчера не был на занятиях?

    — Я был у врача. Плохо себя чувствовал.

    — А как ты сейчас?

    — Спасибо, уже лучше. Пойду на занятия завтра.

    — Тогда до завтра.

7. — Это седьмой вагон?

    — Да. Ваши билеты!

    — Пожалуйста.

    — Двадцать второе и двадцать третье место. Проходите!

    — Билеты вам отдать?

    — Нет, оставьте у себя. Я потом соберу.

    — Скажите, в поезде есть вагон-ресторан?

    — Есть. В девятом вагоне. Входите, скоро отправление.

8. — Володя, правда, что Анна самая красивая девушка в нашей школе?

    — Я так не думаю. Честно говоря, она просто симпатичная.

    — Зато она очень умная. Она хорошо поёт, рисует и танцует.

    — Но, кроме того, она часто опаздывает на урок, почти не занимается в библиотеке, сдала экзамен еле-еле.

— Ну и что! Это легко исправить.

— Андрей, ты просто смотришь на неё сквозь розовые очки.

9. — У вас есть билеты на «Лебединое озеро»?

— Вам на какое число? Есть билеты на двадцать пятое июня и на пятнадцатое июля.

— А какие это дни?

— Двадцать пятое июня — понедельник, балет утренний. Пятнадцатое июля — воскресенье.

— К сожалению, в понедельник я не могу. Дайте, пожалуйста, два билета на пятнадцатое июля.

— Какие места вы хотите?

— Если можно, партер или бельэтаж.

— Пожалуйста, два билета в партер, девятый ряд.

10. Это наша аудитория. На столе лежат наши книги, тетради, словари. Сейчас мы на уроке. Мы изучаем грамматику. Иван Петрович спрашивает, а Том отвечает:

— Где вы сейчас живёте?

— Я живу в Петербурге.

— А где живут ваши родители?

— Они живут в Америке, в штате Аризона.

Потом отвечает Роман.

— Я тоже сейчас живу в Петербурге.

— А где?

— На Московском проспекте, в общежитии.

— У вас хорошее общежитие?

— Да, очень. Там есть спортивный зал, библиотека и кафе.

Теперь рассказывает Сирпа:

— У меня есть брат и сестра. Они живут в Финляндии. Мой брат работает на фирме, а моя сестра учится в университете. Мои родители не работают. Они на пенсии и сейчас живут в Испании.

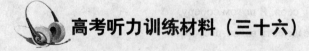

高考听力训练材料（三十六）

1. — Простите, как доехать до Дворцовой площади?

— На троллейбусе номер 10 или на метро до станции «Невский проспект».

2. — Толя, ты знаешь, кто на фотографии?

— Да, знаю, это брат Володи.

— Откуда ты знаешь?

— Вчера он показал мне фотографии.

3. — Какой сильный дождь! А моя жена забыла зонтик.

— Ничего, она зайдёт в какой-нибудь магазин.

— Вот этого я и боюсь.

4. — Который сейчас час?

— Сейчас семь тридцать пять. Ну и что?

— Через пятнадцать минут начинается мой любимый телеспектакль.

5. — Вы не знаете, где Яша?

— Зайдите в лабораторию. Он был там.

— Я как раз из лаборатории.

— Тогда посмотрите в читальном зале. Он часто там бывает.

6. — Маша, какими видами спорта ты занимаешься?

— Зимой я хожу на лыжах, летом катаюсь на велосипеде и круглый год плаваю.

— И у тебя на всё хватает времени?

— Не всегда. В бассейн я хожу два раза в неделю. На лыжах катаюсь только по воскресеньям.

7. — Вадим, говорят, что ты купил новую квартиру.

— Правда. Мы уже переехали на новую квартиру.

— Она большая? Сколько комнат?

— Четыре.

— Здорово! На каком этаже ты теперь живёшь?

— На двенадцатом.

— О, так высоко!

— Ничего, у нас есть лифт.

8. — Дайте, пожалуйста, конверт с маркой.

— Вам какой конверт нужен, простой или авиа?

— Простой, за 7 рублей. Скажите, сколько стоит набор открыток с видами Москвы?

— 60 рублей.

— Тогда дайте два конверта и один набор открыток и одну телефонную карточку за сто рублей.

— Пожалуйста, с вас 174 рубля.

— Вот 180 рублей.

— Возьмите, вам сдачу.

9. — Ну, куда мы сейчас пойдём?

— Давай поедем в универмаг «Москва».

— На Ленинский проспект?

— Да, на Ленинский.

— Успеем ли? Сейчас четверть второго. Там, наверное, перерыв на обед.

— Нет, он открыт. Универмаги работают без перерыва.

— Тогда поехали.

10. Санкт-Петербург — большой и красивый город. Ему 300 лет. В городе есть новые проспекты и старые узкие улицы. Главная улица — Невский проспект. Он длинный и широкий. Все знают музеи Петербурга: Эрмитаж, Русский музей, Исаакиевский собор. Санкт-Петербург не очень зелёный город, но здесь есть известные сады и парки: Летний сад, Марсово поле. Российские и иностранные туристы часто приезжают сюда.

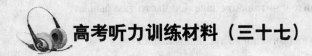 高考听力训练材料 (三十七)

1. — Света, поздравляю тебя с Рождеством и с Новым годом!

   — Спасибо, Ира, за поздравление. И тебя тоже. Приходи ко мне в гости на праздники.

2. — Алло, Анна Петровна?

   — Нет, мама сейчас в саду. Я её дочь.

3. — Нина, когда у нас урок рисования?

   — Урок рисования? Завтра у нас будет. Значит по вторникам.

4. — У вас есть дети?

   — Да, у меня сын. Ему тринадцать лет. Учится в школе номер три.

5. — Ваня, что с тобой случилось?

   — Я чувствую себя плохо. У меня болит голова и температура.

   — Сколько градусов?

   — 38,8.

6. — Как вы проводите свободное время, Елена Петровна?

   — У меня почти нет свободного времени. Но я увлекаюсь цветами.

   — А суббота и воскресенье?

   — В выходные дни мы всей семьёй стараемся отдыхать на воздухе.

   — Вы ездите в горы?

   — Да. Мне нравится.

7. — Вера, ты любишь смотреть телевизор?

   — Нет, по телевизору так много рекламы. Я люблю читать и слушать музыку.

— Какую музыку ты любишь слушать? Классическую или современную?

— И классическую, и современную.

8. — Простите, скоро будет остановка «Красная площадь»?

— Вы уже проехали эту остановку!

— Я первый раз в Москве. Что же делать?

— Вам придётся сесть на другой автобус и ехать в обратном направлении.

— А на какой автобус надо сесть?

— На пятый. Или идти пешком обратно. Но это далеко.

— А можно ли на метро?

— Можно то можно, но на метро нужно сделать пересадку.

9. — Володя, посмотри в программе, что сегодня по телевизору?

— А где у нас программа?

— Где-то на полке. Я видела.

— Есть, нашёл. Слушай: «Сегодня в мире», «В мире животных».

— Посмотри вторую программу.

— А сколько сейчас времени?

— Уже полдесятого.

— Вот: 21:35, концерт, будем смотреть?

— Давай включай телевизор.

10. Недавно мы ездили на экскурсию в Москву. В пятницу в 23:55 мы отправились из Петербурга на поезде «Красная стрела».

Мы ехали всю ночь. Поезд пришёл в 8:30, и мы сразу поехали в гостиницу «Россия». Мы хорошо позавтракали и пошли на Красную площадь. Это главная площадь Москвы, и она нам очень понравилась. Потом мы пошли в Кремль.

После Кремля мы поехали на автобусе в ресторан. Когда мы приехали туда, нас уже ждал традиционный русский обед. Это было так вкусно, что мы не хотели никуда идти. Но нас ждал экскурсовод, и мы пошли к автобусу.

Через 20 минут мы приехали в Третьяковскую галерею. Мы были там 2 часа и очень устали. В программе экскурсии была ещё и дискотека, но туда мы не пошли.

В воскресенье рано утром мы поехали за город и были там целый день. Поздно вечером мы уехали в Петербург.

Экскурсия была короткая, но очень интересная. Мы часто вспоминаем о ней. Через 2 недели мы решили поехать в Новгород.

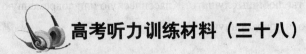

1. — Сегодня хорошая погода. Можно пойти в лес за грибами, Вера.

   — Мне кажется, скоро будет дождь. Может, лучше завтра, Петя?

   — Хорошо.

2. — Ты куда идёшь, Нина?

   — В киоск. А что? Тебе что-нибудь нужно?

   — Да. Купи мне сегодняшнюю газету «Комсомольская правда».

   — Ладно.

3. — Ура, наконец-то, сдала все экзамены.

   — Да, прекрасно, завтра начинаются летние каникулы.

4. — Девушка, мне 2 бутылки молока и хлеба.

   — Вам какой, чёрный или белый?

   — Чёрный, пожалуйста.

   — С вас 21 рубль 50 копеек.

5. — Будьте добры, где моё место?

   — Разрешите, ваш билет! Пятнадцатое «В». Второй салон, налево, пожалуйста.

6. — Маша, когда ты придёшь с работы?

   — В шесть двадцать.

   — Не забудь, вечером мы идём на спектакль.

   — Давай в семь встретимся у входа театра, до начала будет полчаса, и мы посидим в кафе.

   — Прекрасно.

7. — Что тебе нужно?

   — Я хочу купить тетради. Сколько стоит одна тетрадь?

   — Тетрадь стоит 5 рублей.

   — А ручка?

   — 10 рублей.

   — Дайте, пожалуйста, пять тетрадей и две ручки.

   — Вот.

8. — Здравствуй, Ирочка, проходи, проходи.

   — Таня, поздравляю с новосельем.

   — Спасибо. Я покажу тебе нашу новую квартиру. Три комнаты, это большая кухня, а это балкон.

   — Очень хорошая квартира, светлая, чистая.

— Мебель мы купили неделю назад.

— Очень модная.

— Но моя кровать старая.

— Не видно. А телевизор новый?

— Нет, ещё не успели купить новый.

9. — Скажите, где номер 303?

— Пойдёмте, я покажу вам, вот ваш номер.

— Неплохой номер, и телевизор есть, вечером с удовольствием посмотрю футбол. Это будет очень приятный отдых. А где находится ресторан?

— На втором этаже. Он работает с 7 до 23 часов. Если вы хотите, завтрак и ужин вам могут принести в номер.

— Прекрасно, А как это можно сделать?

— Позвоните в ресторан по этому телефону: 6495.

— Спасибо вам.

— Пожалуйста.

10. В будние дни утро в нашей семье начинается рано. Полседьмого звонит будильник. По утрам мой муж делает утреннюю зарядку на улице, он бегает. Я готовлю завтрак, привожу себя в порядок. В 7 часов встают дети. Настя встаёт легко и всё делает быстро. Кирилл любит поспать, потому что он ложится спать поздно. Утром он встаёт с трудом, всё делает медленно. Сам о себе он говорит: «Я встал, но не проснулся.»

Полвосьмого мы завтракаем. Утром мы долго за столом не сидим. Четверть девятого мы выходим из дома. Школа, в которой учится Настя, находится близко от нашего дома, уроки начинаются в 8:30, я еду на работу 40 минут, а муж – полчаса. Кирилл едет на работу на троллейбусе. Так начинается наш рабочий день.

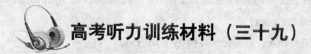

高考听力训练材料（三十九）

1. — Где ты работаешь, Зина?

— В институте.

— Борис тоже там работает?

— Нет, он работает в школе.

2. — Вадим, ты едешь домой на метро?

— Нет, у меня машина. А вы?

— Я на троллейбусе.

3. — Анна Петровна, когда вы едете в Москву?

— В понедельник.

— Утром?

— Нет, вечером, в 8 часов.

4. — Сейчас по телевизору интересная передача. Давайте посмотрим.

— А может быть, сыграем в шахматы?

— С удовольствием, давайте сыграем.

5. — Аня, я иду в магазин. Что я должен купить?

— Мясо и хлеб.

— Это всё?

— Может быть, ещё фрукты.

6. — Вам кофе или чай?

— Кофе, пожалуйста.

— С молоком?

— Да. Я люблю кофе с молоком и с сахаром.

— Вот, пожалуйста. А вам?

— Мне чай с лимоном.

— Пожалуйста. Вот пирожки. Эти с мясом, а эти с капустой.

— Хорошо. Какие вкусные пирожки!

7. — Привет, Алёша!

— Привет, Юра!

— Ты тоже любишь ездить на метро?

— Да, я очень люблю ездить на метро. Здесь всегда так красиво и чисто.

— А мне метро нравится, потому что зимой там всегда тепло, а летом не очень жарко.

8. — Лена, где ты была вчера?

— В субботу? Ходила по магазинам покупать тёте подарок. Мой брат сегодня едет к ней. А ты что делаешь сегодня?

— Днём пойду к бабушке, а вечером буду в гостях.

— Андрей, я хотела с тобой сегодня поехать в библиотеку.

— Тогда давай поедем завтра.

— Давай.

9. — Сергей Иванович, я звонил вам вчера вечером, но вас не было дома.

— Да, мы с женой были вчера в Большом театре.

— Что вы смотрели?

— Балет «Бахчисарайский фонтан».

— Кто танцевал Марию?

— Тимофеева. Прекрасная балерина.

— А Зарему?

— Плисецкая. Я всегда с большим удовольствием смотрю, как она танцует.

— Да, вам действительно повезло.

10. Проведение в Москве Международной олимпиады школьников по русскому языку и литературе уже стало традицией. Каждые три года в Москву для участия в олимпиаде приезжают школьники — победители национальных олимпиад.

Первая Московская олимпиада состоялась в 1972 году. В ней участвовало 100 учащихся из 16 государств.

Московская олимпиада школьников по русскому языку — важный международный конкурс по иностранному языку.

С программой каждой олимпиады можно познакомиться на страницах журнала «Русский язык за рубежом».

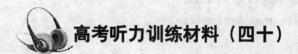 高考听力训练材料（四十）

1. — Алло, это школа номер 3?

— Да, вам кого?

— Анна Петровна сейчас на работе?

— На работе — то на работе, но она на уроке, её нет в кабинете.

2. — Уже девять часов! Мне нужно идти!

— Василий Николаевич, не спешите! Давайте ещё посидим и поговорим.

— Нет, нет, спасибо. Мне нужно быть дома в 10 часов. Большое спасибо. До свидания.

— До свидания.

3. — Коля, ты знаешь, сегодня приезжает твоя бабушка из Новосибирска. Давай встретим её на вокзале вместе.

— Хорошо, мама. А когда поедем на вокзал?

— Мы должны приехать на вокзал за 20 минут до прихода поезда.

4. — Вася, скоро летние каникулы. Какие у тебя планы?

— Мы с ребятами собираемся в Крым, а конец лета думаю провести у бабушки в деревне. Как ты считаешь, мама?

— Просто чудесно. Бабушка давно по тебе скучает.

5. — Мама, ты знаешь, какая завтра будет погода?

— Хорошая, завтра будет не очень жарко.

— А дождь будет?

— По радио не говорили, что будет дождь.

6. — Антон, кем хочет быть твой друг Юра?

— Юра учится в педагогическом университете. Но он хорошо рисует. Он хочет быть художником.

— А твой брат Игорь?

— Он интересуется музыкой. Но учится в медицинском институте. Он будет врачом.

— Очень жаль. Он может и работать, и учиться в консерватории.

7. — Катя, это ты? Здравствуй! Как ты изменилась! Почти тебя не узнал.

— Здравствуй! Петя! Сколько лет, сколько зим! А ты всё такой же. Ты женился?

— Я женился в прошлом году. А как твои дела?

— Поздравляю тебя! В этом году я поступила в аспирантуру.

— Молодец.

8. — Пожалуйста, два билета до Москвы.

— На скорый поезд или на пассажирский?

— На скорый.

— На какое число?

— На пятое августа.

— На пятое августа билетов уже нет.

— Тогда на шестое августа.

— Пожалуйста, платите тысячу рублей.

9. — Привет, Ван Лин! Как я рад тебя видеть!

— Я тоже, Лю Хуа. Ты давно в Москве?

— Неделю, а ты?

— Я уже три месяца.

— Расскажи, как ты здесь живёшь?

— Нормально, каждый день у меня 4 часа занятий по русскому языку.

— Когда начинаются первые занятия?

— В 8 часов с половиной.

— Трудно учиться?

— Трудно было в первое время.

— Старайся больше говорить по-русски, не бойся делать ошибок.

10. Самая первая линия московского метро была открыта 15 мая 1935 года. Эта линия состояла из 13 станций.

Каждая станция — это светлые залы, удобные переходы. По архитектуре станций Московское метро признано лучшим в мире.

Пассажиры, живущие в наиболее далёких от центра Москвы районах, тратят на поездку в центр города не более 30 минут. В обычное время подземные поезда прибывают на станцию через 2-3 минуты, а в часы пик — через 80-90 секунд.